मनीषा कुलश्रेष्ठ

जोधपुर में जन्मी मनीषा विज्ञान में स्नातक और हिन्दी साहित्य में एम. ए, एम. फिल और कथक में विशारद हैं। वे पिछले पच्चीस साल से कथा लेखन में सक्रिय हैं, अब तक इनके छह कहानी संग्रह और चार उपन्यास प्रकाशित हो चुके हैं—*शिगाफ़*, *पंचकन्या* और *स्वप्नपाश* उपन्यास राष्ट्रीय एवं वैश्विक स्तर पर सराहे और पुरस्कृत हुए हैं। इनकी कई कहानियाँ अंग्रेज़ी, रूसी सहित भारतीय भाषाओं में भी अनूदित हो चुकी हैं। विश्व हिन्दी सम्मेलन जोहानसबर्ग में शिरकत के अलावा वे *शिगाफ़* उपन्यास का हायडलबर्ग, जर्मनी में पाठन कर चुकी हैं।

इंटरनेट की पहली हिन्दी वेबसाइट 'हिन्दीनेस्ट' का वह 18 वर्षों से संपादन कर रही हैं ।

मनीषा कुलश्रेष्ठ कथा साहित्य के कई महत्त्वपूर्ण सम्मान प्राप्त कर चुकी हैं, जिनमें से उल्लेखनीय हैं—राजस्थान साहित्य अकादमी का रांगेय राघव सम्मान, वनमाली कथा सम्मान, कृष्ण प्रताप कथा सम्मान आदि, गीतांजलि इण्डो-फ्रेंच लिटरेरी प्राइज़ 2012 ज्यूरी अवार्ड आदि। उन्हें कृष्ण बलदेव वैद फैलोशिप—2007 , रजा फैलोशिप—2013 तथा संस्कृति विभाग की सीनियर फैलोशिप 2015-16 भी मिल चुकी है, जिसके तहत वे *मेघदूत* में वर्णित यात्राओं पर वृहत पुस्तक लिखने वाली हैं।

इनका संपर्क : manishakuls@gmail.com

क़िरदार

मनीषा कुलश्रेष्ठ

राजपाल

स्थापित 1912
100 वर्षों की
श्रेष्ठ प्रकाशन परम्परा
राजपाल

ISBN : 9789386534415

प्रथम संस्करण : 2018 © मनीषा कुलश्रेष्ठ

KIRDAAR (Stories)
by Manisha Kulshreshtha

राजपाल एण्ड सन्ज़
1590, मदरसा रोड, कश्मीरी गेट, दिल्ली-110006
फोन : 011-23869812, 23865483, 23867791
e-mail : sales@rajpalpublishing.com
www.rajpalpublishing.com
www.facebook.com/rajpalandsons

सैल्यूट के साथ अपनी अवनि को
जिसकी चींटी जैसी लगन से मैं सीखती हूँ हार न मानना जिसके
गिटार, पियानो की धुनों से मेरा दिन सुरों में बँधता है जिसका
जानवरों के प्रति स्वहीन प्रेम दुनिया के लिए प्रेरणा हो सकता है हमारी
बजरीगर चिड़ियों नीली-पीलू और बज़ को भी जिनकी चहचहाहट
घर को घर बनाती है

क्रम

भूमिका

मेरे क़िरदार में मुज़्मर है तुम्हारा क़िरदार
देखकर क्यूं मिरी तस्वीर ख़फ़ा हो तुम लोग

—अख़्तर मुस्लिमी

हर कोई कहता है, मेरी हर कहानी पहली से बहुत अलग होती है, मेरे पास कई विषय, कई रंग और कई-कई मरकज़ हैं। लेकिन यह सच तो मैं ही जानती हूँ कि कैसे-कैसे रास्तों से गुज़रते हुए आकस्मिक मोड़ लेती है मेरी ज़िन्दगी, वैसे-वैसे जिप्सी और जिमनास्ट होती जाती है मेरी ज़िद्दी कलम।

अफ़साने और क़िरदार लिखते हुए अफ़सानानिगारी के इस मक़ाम पर आ गयी हूँ कि मानो निग़ाहों में आतिशी शीशा फ़िट हो गया है। भला-बुरा हर शख़्स मुझसे या तो अपनी कहानी छिपाता डोलता है या अपने पास बिठाकर अपनी कहानी लिखवाने को आमादा-सा रहता है। मेरी नक़बज़न नज़र कहानी छिपाने वाले को पकड़ती है, सुनानेवाले से भागती है।

अब हरेक को कौन समझाए कि 'क़िरदारगिरी' इस क़दर आसान काम भी नहीं। जान हथेली पर लिये रहना होता है और जलावतनी को हमेशा पोटली बाँध तैयार...क्योंकि कब अफ़सानानिग़ार के दिमाग़ में कहानी विकट मोड़ ले और तुम या तो जान से जाओ या के दर-ब-दर !

कितनों को तो बहलाया है यह कहकर कि—जाने दे दोस्त, तू जितना अच्छा है तेरा क़िरदार हो नहीं सकता। फिर भी जाने कहाँ-कहाँ से ना-आश्ना चेहरे अपना क़िरदार लिये खुद मेरी कहानी को ढूँढ़ते चले आते हैं। कुछ और नहीं तो माज़ी की बहुत पुरानी किताबों से निकल आ खड़े होते हैं। कोई मेरी कहानी के मरक़ज़ पर क़ाबिज़ होना चाहता है तो कोई बस पसे आईना रहकर

झाँकता रहना चाहता है। किसी को शोहरत की तलब तो किसी को बस मेरे अफ़साने में अपने होने भर की तसल्ली। कोई अपने क़िरदार की कीमत अपने क़त्ल से अदा करे तो कोई बदगुमानी से गुरेज़ करे।

इस बार फिर कुछ बेसब्र क़िरदारों के साथ कुछ शर्मीले पर्दादार क़िरदारों की कहानियाँ लेकर आयी हूँ मैं। हर बार ये मुझे औचक किसी सफ़र से उतरते हुए या सफ़र के लिए चढ़ते हुए मिले, तो हो सकता है कि तरतीबी और इत्मीनान इनकी तबियत में न मिले। हर पहला मिज़ाज में दूसरे से एक-सौ अस्सी डिग्री उलट मिले। मौक़ा मिलता तो ज़बानी सुनाती, ताकि सुनाती चलती कहानी भी और कहानी के पीछे क़िरदारों की बेचैनी, बेनियाज़ी, लिहाज़, झिझक, बेसब्री और बेअदबी भी।

ख़ैर...ख़ुदा नहीं मैं न ही कोई मुंसिफ़ हूँ मैं...मुझे क़िरदारों की असल ज़िन्दगी, असल तबियत से क्या लेना? एक मतलबी कहानीकार हूँ। मैं जानती हूँ ये क़िरदार तो लौट जाएँगे अपनी ख़ला-ओ-खिलवतों में, मगर कहानी को तो चलते ही रहना है, मेरे ही इस अंतहीन सफ़र की तरह।

जयपुर **—मनीषा कुलश्रेष्ठ**

20 नवम्बर 2017

एक ढोलो दूजी मरवण...तीजो कसूमल रंग

महानगर की चहल-पहल में मेरे आगे कई तरह के मौन-मुखर प्रेम गुज़रते रहे हैं। कई महान प्रेम मेरे सामने-सामने ही अपनी चमक खो बैठे। दो बरस पहले आँख के आगे गुज़रा वह प्रेम आज भी जब याद आता है, तो सारे प्रेम और उनके किस्से फीके लगते हैं। ऐसा प्रेम जिसके होने का, समय के बीत जाने पर ही पता चला। यकीन मानिए, जब यह बीत रहा था, तो न हमें पता था, न शायद उन्हें जिनके बीच यह बीत रहा था। क्या पता कि पता ही हो? क्योंकि ज्ञात होने पर भी वह अज्ञात सा-ही था! वह प्रेम था भी कि हमारा भ्रम था। जिनके बीच लगा कि यह है, वे भ्रमित थे कि हम? यह बात मैं आज तक समझ नहीं सकी। उस प्रेम को किस्से की तरह सुनाना बहुत कठिन और चुनौतीपूर्ण है। वह था ही इतना आभासी और वायवीय, जिसे बस मैं समझी कि वो, जो मेरे साथ था। पूरी बस में और कोई नहीं समझा, जब तक कि वह बस से उतर कर चली न गई।

कहते तो हैं कि कोई-कोई आँखें बहुत बोलती हैं पर ये आँखें तो बोली ही नहीं। बस डोलीं दो-एक बार। वह बस से उतरी और पूरी बस की हलचलें ले गई। बस में बेजान से लोग बचे रहे। दस-बारह! उनमें मैं थी, वह था और एक वह जो था, जिसे मैं कथा का नायक कह दूँ—बस का कंडक्टर। उसकी तो सम्पूर्ण चेतना, उसका खिलंदड़ापन वह अपने साथ ले गई। जब उसे अचेत-सा देखा तब लगा, अरे! आँख में से सुरमे की तरह, बहुत चुप्पी-चतुराई से कोई इसका सब्रोक़रार लूट ले गया। इस पूरे किस्से पर शुरू से मैं गौर करती भी तो क्यूँ करती? मैं भी उस रोज़ कुछ अनमनी थी।

"अपने शहर से सालों बाद गुज़रना कैसा रहा?" कोई पूछता तब तो

बताती! किसी ने पूछा ही नहीं, न लोगों ने, न उस शहर ने। वह शहर तो खुद अपनी शिनाख़्तों से पीछा छुड़ाता हुआ, मेरे आगे कोहरा ओढ़े बैठा था। मुझे ही कौन-सा ठहरना था वहाँ? मैं तो बस कुसमय, संयोग ही से वहाँ जा पड़ी थी, दो घंटों के लिए। मेरे साथ वह था, जिसे नहीं होना था मेरे साथ। इसलिए भला ही था, इस शहर का मुझसे और मेरा इससे बेशिनाख़्त होना। कमबख़्त शहर ने अपनी खास निशानी 'किले' को भी मुझसे छिपा कर झट से, कोहरे के गाढ़े कंबल में दुबका लिया था। मैं उसे यह भी न बता सकी कि—देखो यही किला है, जिसके किस्से मैं तुम्हें सुनाती थी। मैं न कहती थी, कि जो किलों और विशाल खंडहरों की छाँव में पलते हैं उनके वजूद में एक अजब किस्म की रूमानियत रिस आती है।

वह बस अड्डे पर ही इधर-उधर आँखें दौड़ा कर, मेरे शहर, मेरे अतीत की टोह लेने लगा, फिर हँस कर बोला—तुम्हारे शहर की लड़कियाँ लम्बी और सतर होती हैं। मैं मुस्कुराती हुई भी भीतर कहीं अनमना गई। इन पुरुषों के भीतर कभी न बड़े होने वाले लड़के पर खीज हुई।

॰

हम अपनी आवारगी में, फ़िलहाल कहीं से आए थे और कहीं नहीं पहुँचना चाहते थे। लेकिन कहीं तो पहुँचना था, ऐसी बस जो समय की रफ़्तार को धीमा कर दे। हो सके तो रोक ही ले समय। हमें बस बदलनी थी यहाँ। सुबह तीन बजे हम उतरे थे मेरे इस पुराने शहर में। एक घंटा ठंडी बैंच पर बैठे, फिर आगे के लिए वहीं से शुरू होने वाली एक बेहद साधारण बस में जा बैठे। जिसे बहुत देर बाद चलना था और रुक-रुक कर गंतव्य तक पहुँचना था। मैंने बस की खिड़की से देखा, शहर ने कोहरे में किले को यूँ छिपा लिया था जैसे अलगाव के बाद मैं कोर्ट जाकर कहीं उससे अपना और उसका किला ही न माँग बैठूँ। किला भी दम साधे बैठा था। बचपन कौंध कर मिट गया। मैं और भावुक होना नहीं झेल सकती थी। मैंने गहरी साँस ली, सीली हुई, धुआँती-गंधाती हुई हवा बस में भरी हुई थी। उसके चौड़े कन्धों पर खुद को टिका दिया। उसने अपना चेहरा मुझसे सटा लिया। मुझे संकोच हुआ, अपने शहर के लिहाज़ में, फिर एक चिढ़ से उपजे विद्रोह में, मैंने पलट कर चेहरा उसके सीने में घुसा दिया और अपने हाथ उसके कन्धे से लपेट दिए। बस में पिछली कुहरीली रात अब भी कोनों में

ठिठकी थी, उसकी देह की ऊष्मा पाकर मुझे झपकी आ गई।

''सर, कहाँ जाएँगे? बस से उतर कर काउंटर से टिकट लेना होगा।'' एक ताज़ा नहाया, गोरा युवा चेहरा सामने खड़ा था। उसके हाथ में बस कंडक्टर वाला थैला नहीं, एक इलेक्ट्रॉनिक मशीन थी, टिकट काटने वाली। उसके आने के साथ बस में हलचल फैल गई। वह जीवंत युवक था।

पौ फट रही थी, बस को चलने में अब भी आधा घंटा बाकी था। हम बतियाने लगे। कुछ प्रेम, कुछ ज़माना, कुछ उम्र, कुछ अनुभव और उसका वर्तमान। मेरा वर्तमान कोहरे से भरा था, कोई अतीत किला बनकर पीछे छिपा था।

''फ़ौज़िया, तुमसे शादी कर लेता मैं, अगर थोड़ा और कलाकाराना फक्कड़ किस्म का हो पाता। थोड़ी-सी कमी रह गयी। न चाह कर भी कुछ हिस्सा दुनियादारी बच रही भीतर!'' शैलेश कसमसाया।

''बातें!...ये बातें तेरी वो फ़साने तेरे, शगुफ़्ता-शगुफ़्ता बहाने तेरे।'' मैं गुनगुनाने लगी तो कंडक्टर ने मुड़कर देखा।

''तो बन जाओ पूरे कलाकाराना फक्कड़, अब भी क्या बिगड़ा है? इस पर तुम कहोगे 'बच्चे उम्र के कठिन मोड़ पर हैं !!' अब जाने दो न, यूँ भी बीतती उम्र की शादी डरावना ख़्वाब है। सारी हमख़याली धरी रह जाती है, अकेले खुलकर रहने की आदत के आगे।''

वह वाक्य पूरा ही न कर सका था कि मैं आवाज़ बिगाड़ कर बोली। वह चुपचाप मेरे चेहरे पर पुती कड़वाहट देखता रहा, उसकी काली-सफ़ेद घनी मूँछ थरथराई। शायद कोई बात वह होंठों पर आने से पहले गटक गया। थोड़ी देर एक मौन हमारे बीच बिलखता रहा। फिर वह बोला, मुझे बाजुओं से अपनी तरफ़ खिसकाते हुए।

''जानता हूँ कि एक बार कलकत्ता लौट जाने के बाद तुमसे दूरियाँ हो जाएँगी। लेकिन मैं आता रहूँगा न...''

''यार तुम बहुत अच्छे क्यूँ हो? बिना ग्लानि के इस रिश्ते को ख़त्म नहीं कर सकते?'' मैं बुरी तरह खीज जाना चाहती थी।

''यह ख़त्म होना नहीं है। यह रहेगा...'' वह पता नहीं किसको बहला रहा था।

''यह अंदाज़ तो वही है शैलेश, जो अंतिम तिथि आने पर हर प्रेम का होता है। सुनो ग्लानि मत रखो मन में। एक दिन तो लौटना था ही न तुम्हें।

रहा प्रेम तो वह उस अजनबियों की भीड़ भरी दुनिया में हम दोनों की ज़रूरत भर था।''

''अब तुम?''

''अब मैं? अपना क्या?'' हँस कर ज़रूर कहा मैंने, पर मन भंगुर हो रहा था।

''मेरा मतलब तुम भी वह कंक्रीट का जंगल छोड़ कर इस शान्त-रूमानी शहर में लौट आओ, तुम्हारा अपना शहर। कोई तो होगा न यहाँ?'' उसके हाथ स्नेह से मेरी ठंडी उँगलियाँ गर्म कर रहे थे।

''यहाँ मेरे लिए क्या काम होगा? यहाँ अम्मी के जाने के बाद कोई अपना नहीं रहा, शैलेश। रिश्ते के भाइयों-रिश्तेदारों की भीड़ से बेहतर वही भीड़ है, मैट्रो शहर की, जहाँ खुद को छिपाया जा सकता है आसानी से। जैसा तुम कह रहे हो कि...। यानि वहाँ तुम्हारे अक्सर आने की उम्मीद बची रहेगी।''

हम बेजा बातों के लच्छे लपेट रहे थे। जिनका कोई मतलब नहीं बचा था। मन सुन्न था, अलगाव की आगत-आहट से। बीतते पर संशय था।

मेरे मन का एक हिस्सा उसे तमाम जद्दोजहद से थक-हार कर पूरी तरह भूलना चाहता था। और दूसरा हिस्सा भूल जाओ के ख़याल मात्र से चीख पड़ता था, जैसे किसी ने पके घाव को छू भर लिया हो। मन के कई नहीं तो कुछ हिस्से होते तो होंगे, यह उस पल में एकदम सत्य प्रतीत हुआ। फिर नौवीं कक्षा में ब्लैकबोर्ड पर बनी हृदय की संरचना याद आ गई—आलिंद और निलय और उनसे निकलती धमनियाँ-शिराएँ। मैं अपने दिल के विरोधाभास पर घबरा गई।

''मैं काउंटर से टिकट ले आती हूँ।''

मैं बस से उतर कर ताज़ी हवा खाना चाहती थी, मैं उसे यह कहने का साहस जुटाना चाहती थी—कि मेरा एक मन तुम्हें भूलने की भूमिका बना चुका है। दूसरा मन जो चीख कर रोता है, तुम्हारे लिए एक दिन वह भी चुप हो जाएगा। मेरे जीवन के सारे दरवाज़े तुम पर बन्द हो जाएँगे कि फिर कभी लौटे भी तुम तो शहर में एक ही व्यक्ति होऊँगी जो तुमसे मिलने में कतराएगा। बेहतर है आज ही रोक लो इस प्रेम को भौंथरा होने से। कुछ करो।''

⁓

युवा कंडक्टर मुझे देख रहा था, मैं अकेले गरदन ऊपर किए धुँध का नमकीनपन साँसों के अन्दर ले रही थी। मैं नियमित तौर पर सिगरेट नहीं पीती पर उस पल

दिल ने चाहा और मैंने बगल की चाय-पान की दुकान से खरीद भी लिया एक पैकेट सिगरेट का। मेरे सिगरेट सुलगाते ही कंडक्टर चौंका। उसने मेरे समेत चाय की दुकान पर खड़ी बस की सवारियों को इशारा किया बस में बैठने का। बस का ड्राइवर सीट पर आ जमा था। मैंने जल्दी-जल्दी पाँच-सात कश लगाए, और आधी सिगरेट पास खड़े, ठिठुरते भिखारी को दे दी। मैं भीतर आकर उसके पास बैठ गई, उन सोची हुई बातों के दबाव से मन वाष्प होता उससे पहले बस चल पड़ी। बस के चलते ही दृश्य बदलने लगे। समय बदलाव की हरकतों से भर गया।

उससे सटते ही सारा सोचा हुआ बेमानी हो गया। आह! कितना शान्त है यह व्यक्ति। स्थिर और गहरा। प्रेम की गरिमा में डूबा। निभाता हुआ लगातार। मेरी अनवरत आशंकाओं और नकारात्मकता को थपथपाकर मिटाता हुआ। हमें शुरू ही से जिस प्रेम का भविष्य पता था, उसे इस गरिमा से यहाँ तक लाने में सारा श्रेय इसी का था, मैं तो बात-बात पर कैंची चलानेवालों में से थी। इस अतप्त प्रेम के बाद दुनियादार दुनिया में उसका लौट जाना शुरू ही से तय था। मैंने गहरी साँस लेकर उच्छ्वास छोड़ी। उसके दो दिन से बिना शेव किए गालों से टकराई, उसने अखबार रख दिया। अपने लम्बे बाजू मेरे कन्धे पर लपेट दिए, मेरी टखनों तक लम्बी घेरदार स्कर्ट में उलझे उसके हाथ मेरे ठंडे घुटने छू रहे थे। मेरी उँगलियाँ रह-रह कर उसकी कनपटी से अपनी यात्रा शुरू करतीं, बढ़ी दाढ़ी से होकर, कॉलर बोन से टकराती फिर सीने पर उतर आतीं।

कंडक्टर की निगाह उचट कर गिरती, हमारी मध्यवयस की निकटताओं पर एक तटस्थ हैरानी के साथ सर्र से फिसल जाती। हम दोनों कलाकार थे, दुनियादार हद तक सफल भी। हमारी पेंटर जोड़ी उस मेट्रो शहर में लोकप्रिय थी। हमने दुनिया-जहान में साथ चित्र-प्रदर्शनियाँ की थीं। कुछ प्रसिद्ध म्यूरल्स (murals) साथ बनाए थे। हम दोनों आधुनिक भी थे—बोहेमियन भी। वह कंडक्टर कस्बाई था, तनिक गंवई भी। बस शहर ही में टहलकदमी कर रही थी। दरगाह, सूखी गंभीरा का पुल, कलेक्ट्रेट...और फिर रुक गई थी बस। स्पर्शों-बातों के व्यतिक्रम में अटके हम दोनों बीतते समय से खेल रहे थे। मेरी लम्बी चोटी ढीली होने लगी थी। वह उससे खेलने लगा। मैंने अपनी आँखें खिड़की के बाहर मोड़ दीं, जो कि सहसा भर आई थीं। जाने आख़िरी बार इस शहर को विदा देते हुए या उससे आख़िरी बार की इस मुलाक़ात के बीतते चले जाने से।

बस में ज़्यादा भीड़ नहीं थी, बल्कि कुछ सीटें खाली थीं। शहर छूटते हुए सुबह कोहरे से बाहर आ गई थी। बस में कस्बाई यात्री थे, लीर-लीर हो गई पगड़ी वाला बूढ़ा किसान। थकान से भरी, गंधाती गाड़िया लोहारन, पंचायत समिति के स्कूलों में पढ़ाने जाती रोज़ आने-जाने वाली बहनजियाँ। बहुत जाना और जिया हुआ था यह सब।

हम दोनों सबसे आगे बैठे थे। मैं हमेशा से जानती थी कि हमारा प्रेम, लोगों की निगाह में खटकने जैसा मुखर है। वहाँ भी और यहाँ भी...हमारी उम्र का फ़र्क, मेरे मुस्लिम नक़्श ही नहीं बल्कि बातचीत का लहज़ा भी। लेकिन हम हर तरफ़ से जानबूझकर बेख़बर थे, अपने प्रेम के सम्भावित अन्त के कारण कुछ विद्रोही भी हो रहे थे। बातें चुक रही थीं। एक-दूसरे से सटे बैठे थे हम। शैलेश पल-पल चुकते सान्निध्य की शेष ऊष्मा में ऊँघने लगे थे। मैं भी ऊँघना चाहती थी पर मेरी नाभि के आस-पास कोई चक्रवात घुमड़ रहा था। क्या यह वही कविता थी जो रात नाभि के आस-पास गूँजी थी? जब मैं उसके कन्धे पर टिकी मेरा सिर—सिर नहीं रहा था, कोई दरकती चट्टान बन गया था। उसने आँख खोलकर आँख ही से पूछा-''क्या?''

''मत जाओ, न!'' मगर मेरा गला सूख कर कंटीला थूर बन गया था। शब्द जो बाहर आना चाहते थे उन काँटों में फँस कर मर गई तितलियों में बदल गए थे। यूँ भी अर्थ क्या निकलता, निरर्थक शब्दों का?

कुछ गाँव पीछे छूट गये थे। टिकट बाँटते हुए युवा कंडक्टर सबसे बतिया रहा था। हाल-चाल पूछ रहा था रोज़ जाने-आने वालों से। किसी वृद्धा यात्री से मज़ाक भी कर रहा था। एकाएक उसकी अस्थिरता बढ़ गई। वह हमारे पास आकर बोला—''सर ये सूटकेश उधर को खसका दो।''

मेरा सूटकेस ड्राइवर के केबिन के ठीक बाहर रखा था, मेरे चेहरे पर प्रश्न उभरा—कि—क्यों भई। तो वह बोला—''सवारियाँ आयेंगी ना।''

केबिन में बस एक लम्बी सीट थी, बस के स्टाफ़ के लिए, बस में पीछे खाली सीटें थीं। उसके कहने से सूटकेस हमारे पैरों के नीचे आ फँसा, हमारी आरामदेह मुद्रा खंडित हो गई। हमने उसे मन ही मन कोसा। फिर वह हमारी सीट के पास सिर पर खड़ा हो गया। हमारी सीट के ऊपर सामान रखने वाली

जगह में हमारे बैग को वह खिसका रहा था। शैलेश ने शान्त भाव से उससे पूछा—"अब क्या हुआ?"

"सर, यहाँ ऊपर मेरा गद्दा और रज़ाई है, बिछा कर आराम करूँगा। आप बोलो तो आपका सूटकेश ऊपर रख दूँ?" श को स और स को श या फिर स को ह कहने का निपट मेवाड़ी ढंग मुझे गुदगुदा गया। उसने ज़ोर लगा कर सूटकेस हमारे पैरों से निकाल कर ऊपर फँसा दिया। हम फिर स्वतंत्र थे, पैरों में पैर उलझाने को। कंडक्टर के चेहरे पर बहुत दबी मुस्कान मुझे दिखी।

~

वहाँ से उसने अपना गद्दा और रज़ाई निकाले, ड्राइवर के केबिन में सीट पर करीने से पहले उसने रज़ाई बिछा दी, अन्दर इंजन के ढके बोनटनुमा हिस्से पर उसने गद्दा यूँ ही पसार दिया। उसका नीड़-सा तैयार था, पर वह सोने की जगह बस में घूम कर टिकट के पैसों की वसूली कर रहा था, या चिल्लर लौटा रहा था।

"काका सा, फटाफट हिसाब पूरा कर लो...ये लो बाकी के सात रुपए...किस-किस का टिकट बाकी है? जल्दी-जल्दी करो, अंटी जी।"

जब तक वह निपटा टिकट बाँटने—चिल्लर लौटाने के काम से, तभी बस रुकी। किसी कस्बे के बाहर बना बस स्टैंड था। वह चिल्लाया—"गुलाबपुरा-गुलाबपुरा।"

एक मरून लुगड़े वाली भीलनी अपने बच्चे के साथ बस के भीतर झाँकी-"शाहपुरा में शहर के अन्दर जाएगी बस?" वह झपट कर बोला-"नहीं जाएगी। हटो हटो।"

भीलनी ने फिर तसदीक करनी चाही भीतर की सवारियों से, तो वह अब तक का मिठबोला युवक लगभग अधैर्य से चीख पड़ा—"कहा न नहीं जाएगी...हटो मैडम को आने दो, आओ, आओ।"

मैं शैलेश के पैरों के स्पर्श की बहक में, 'मैडम' को देख न सकी। जब उबरी तो एक पतली-सी साँवली युवती सफ़ेद साड़ी और हल्के बहुत हल्के क्रीम कलर के शॉल को ओढ़े केबिन में बहुत सधाव के साथ पैर उठा कर घुसी और सीट पर बैठ गई। हलचलें कह रही थीं कि पीछे सीटें खाली हैं। मुझे लगा उसको आगे केबिन में बैठने का शौक होगा, क्योंकि बस में एकदम आगे और

काँच के सामने बैठ बदलते दृश्य देखते जाने में आनन्द तो है। ज़रूर किसी प्राइमरी स्कूल की टीचर थी वह 'मैडम'। उस पर शुरू में मैंने गौर ही नहीं किया। काबिले-गौर था भी क्या। उससे कोई शब्द, गंध-मद कुछ उत्सर्जित नहीं हो रहा था, बस एक बहुत गहरी उदासीनता, पूरे व्यक्तित्व में थी।

कंडक्टर महोदय इंजन के उभार पर बिछे गद्दे पर विराजमान थे। हल्के सुर में राजस्थानी गाने चल रहे थे। ''उड़ियो रे उड़ियो डोडो डोडो जाय रे...म्हारो सुवटियो'' मेरी कल्पनाओं के कोटरों से तोते निकल कर उड़ने लगे, हरे बचपन की ओर।

कुछ देर बाद हम दोनों प्रेम के अतिरेक से उबर कर आस-पास का जायज़ा ले रहे थे। अपने आस-पास के दृश्य में गहरी दिलचस्पियों के साथ हम-दोनों ने कुछ चीज़ों को एक साथ नोटिस किया। उस युवती के साँवले साधारण चेहरे पर बड़ी-बड़ी आँखों ने मेरा और शैलेश दोनों का ध्यान खींचा। बहुत सुन्दर आँखें, पर उनमें ये पीड़ा जैसा क्या था? फिर हमने गौर किया उसकी सफ़ेद साड़ी और क्रीम कलर के दुशाले पर। वह वैधव्य ओढ़े थी, या वैधव्य उसे ओढ़े था! मैंने और शैलेश ने एक-दूसरे को देखा। बिनकहे कहा—आज के ज़माने में भी? कितनी बच्ची-सी है यह तो!

वह सतर बैठी थी, सीट पर बिना पीछे टिके। शॉल कसकर लिपटा था। होंठ भिंचे हुए थे कि बस में चलती किसी भी हरकत पर फड़क न उठें। बहुत लम्बे अन्तराल से वह बिना सिर मोड़े बड़ी गहरी नज़र से 'स्लोमोशन' में सबको देखती, लोटते हुए बस कंडक्टर के वजूद पर 'फ़ास्ट फॉरवर्ड' हो जाती जो बिलकुल उसके सामने लेटा था। सफ़ेद कमीज़, बिना बाँहों की नकली लैदर की भूरी जैकेट और जींस में।

''विधवा की माँग से सूना तो कुछ नहीं होता,'' शैलेश मुझसे फुसफुसा कर बोला।

''बेवा न हो तो? कुँवारी हो? मैं गैरशादीशुदा हूँ, सफ़ेद कपड़े मेरी भी पसन्द में शुमार हैं। माँग आजकल कोई नहीं भरता। हाँ, तुम्हारे प्रदेश में आज भी नाक से लेकर...'' मैंने उसके कान में कहा तो वह युवती समझ गई कि हमारी कनफूसियों का केन्द्र वह है।

''तो तुम खुद ही देख लो न। गौर किया हो तो लड़कियाँ, शादीशुदा औरतों की माँग में ये सन्नाटा नहीं होता। किसी शहर की बन्द छोर वाली

मजलूम गली-सा।'' शैलेश के ऐसा कहने मात्र से मुझे उसकी माँग कोई उजाड़, सूनी गली लगने लगी। उस पर बहुत बड़ी और घनी बरौनियों वाली आँखें, गली के मुहाने पर उगे दो पीपल। जो उठतीं तो उदास करती हीं, गिरतीं तो रुला ही जातीं। एक तटस्थ और अडिग दु:ख वहाँ जमा हुआ था। उसकी आँखें केवल आँखें नहीं थीं, चाँदनी में भी सुलगता हुआ कोई रेगिस्तान थीं। सारे संसार में विधवाओं की पोशाक चाहे जैसी हो, वे माँग भी न भरती हों। पर आँखों का सूनापन। अनायास किसी लहलहाते खेत का बंजर और रेतीला हो जाने जैसा था।

पूरी सफ़ेद साड़ी कोमल सँवलाई देह पर विराग जगाए लिपटी थी। पैरों में सादा अँगूठे वाली काली चप्पल। स्याह बालों को पूरे अनुशासन में जमा कर पल्ले की निगरानी में भीतर रखा था। रंग बस शॉल में था। हल्की पीली झाँई जो वैधव्य भंग करना चाहती हो।

क्या पता यह किसी एस.टी.सी. स्कूल या बी.एड. कॉलेज की यूनिफ़ॉर्म हो?

कंडक्टर की अस्थिरता अब थमी-थमी थी, वह इंजन के बोनटनुमा उभार पर गद्दे पर सिर के नीचे हाथ फँसाए अधलेटा था। चुप मगर सुखी-सा। कोई रूहानी ख़ुशी उस पर तारी थी। वह सीधे देख रहा था, चलती बस के नीचे लिपटती-रपटती जाती सड़क को। वह किसी को भी कनखियों तक से नहीं देख रहा था। मेरा मतलब एकदम बगल में बैठी इस युवती को तो मानो जानबूझकर नहीं देख रहा था। हालाँकि उसकी देह-भाषा से लग रहा था कि एक परवाह-सी फिर भी है। उसे उसके प्रति कोई सहानुभूति या कोई सरोकार लगता था। लेकिन मानो उसके उस दिशा में देखने मात्र से कोई पवित्रता थी जिसके भंग हो जाने का खतरा हो। किसी बहुमूल्य भाव के बहुत सस्ता हो जाने की शंका हो। यह संयम ही तो था, उस कंडक्टर का जिसे मैं और शैलेश एक साथ महसूस कर रहे थे लेकिन कुछ समझ नहीं पा रहे थे। कुछ तो था उनके बीच जो खामोश मीठी धुन सा बस की गुनगुन में तैर रहा था। वह बीच-बीच में बस में चल रहे गानों को, सिस्टम में उलट-पलट कर देता, या वॉल्यूम तेज़-कम करता। कुछ हल्के रूमानी गानों पर वह वॉल्यूम एकदम कम कर देता, गहरे-मार्मिक गानों पर कुछ बढ़ा देता। लोकगीतों की तो धुनों में भी मर्म बींधती रागिनी बसती है।

''मारू थारा देस में निपजे तीन रतन—एक ढोला...एक मरवण...तीजो कसूमल रंग।''

'कसूमल रंग', मैं मुस्कुराई, शुरूआत में हमारे साझे चित्रों में भी शैलेश चकित हो जाता था, ''यार ये कौन-सा रंग है जो तुम हर चित्र में ले आती हो, न जामुनी, न लायलेक, न गुलाबी, न ही लाल, न मैजेंटा!'' तब मेरी सो चुकी याद्दाश्त के चलते मेरे पास उत्तर नहीं होता था। आज है।

मैंने शैलेश से कहा—''सुनो वो रंग जो तुम पूछते थे न कि यह कौन-सा ईजाद है तुम्हारा, तो उसका नाम है 'कसूमल रंग'। मैंने तुम्हें बताया था न कि अब्बा बताते थे कि मेवाड़ी वॉल पेंटिंग्स में यह रंग हिंगलू रंग में पीले की एक मात्रा मिलाने से बनता है। पर तब नाम न याद आया था।''

''हाँ, हाँ!'' शैलेश को याद आ गया, जब वह मेरे साथ सांस्कृतिक मंत्रालय के एक हॉल में म्यूरल बना रहा था, तब मैंने उसके पूछने पर बताया था।

''तुम्हारे अब्बा? वे क्या करते थे?''

''वे शादियों में, पूजाओं में दीवारों पर हाथी, बारात, गणेश बनाते थे। 'फ़ेमस मेवाड़ी वॉल पेंटिंग्स'।''

''वाह और अब?''

''मेरे बड़े होने से पहले उनका इंतकाल हो गया था। मगर पिछले आँगन में रखे उनके रंग, तरह-तरह के रंगीन सॉल्ट्स, लाख, हिंगलू, नील, सिलबट्टे, हाथ की बनी कूचियाँ, तरह-तरह के बर्तन मेरे बचपन के खिलौने थे।''

''तुम जानती हो, उनका अनुभव धड़कता है तुम्हारे म्यूरल्स में।''

''सच?''

''हाँ। देखो न यहाँ ये हिस्सा घोड़े की पीठ-सा, यह लहरदार ऊँट का कूबड़। यह रंग जो न जामुनी है, न गुलाबी, न लाल, यह है क्या?''

''पता नहीं पर यह अब्बा इस्तेमाल करते थे।''

वह वही 'कसूमल रंग' था जो किसी शेड कार्ड में विरले ही मिलता है।

~

माघ माह की बरसात, जिसे मेरे पीछे छूट गए शहर के लोग 'मावठा' कहते हैं, झिमिर-झिमिर बरस रही थी। युवती बहुत देर बाद पूरे वजूद में से बटोर कर दर्द

के प्यालों-सी पलक उठाती और उसकी नज़र एक सौ अस्सी अक्षांश के बीच पसरे युवक पर पल भर को टिकती और बन्द-सी हो जाती। युवक महसूसता उस नज़र को और नज़र के गुजर जाने पर पहलू बदलता आहिस्ता से। कुछ शालीन, कुछ भीरू -सा लगाव बरसते मावठे को कोहरीला बना रहा था।

इसकी आँख केवल आँख नहीं थी, आँख में एक सूना दिल बैठा था, उकड़ूँ। उसका दिल केवल दिल नहीं था, उसमें कोई आँख बैठी थी, कोहनी के बल उसकी पीड़ा को बस तटस्थ ताकती। इसकी आँख किरकिराती तो उसका दिल कसमसाता था। जब दिल कसमसाता तो आँख एक पल ठहर कर सहलाती। कंडक्टर कुछ नहीं कहता था पर उसके दिल में बैठी आँख कहती, ''कभी तो इन भिंचे होंठों को खोल, मुस्कुरा! अपने दर्द से बुझ गए कलेजे को मेरे कलेजे से बाल, कि कितनेक दिन से देख रहा हूँ भीतर धुँआता तेरी ज़िन्दगी का बिना देखा हिस्सा।''

इसकी आँख में बैठा दिल चीख कर उड़ता—मत खोल भेद, इस अभेद का। सुख-दुःख सबके अपने-अपने। थार का मरुस्थल की थाह हे रे बावले, पर इस दु:ख की थाह नहीं। क्यों कुरेदता है घाव?

उसने धीमे-धीमे गर्दन उठाई और एक क्षण बुझी नज़र से देखा उसकी ओर। हमने उसे देखते हुए देखा। युवक कंडक्टर ने उससे कहा—आराम से टिक जाओ नी।

वह हिली तक नहीं पर मुझे लगा कि उस युवक ने चुपचाप उसकी सूनी आँखों की मुंडेर पर दीया जला कर रख दिया है। वे चमकीं एक पल। एक पल को ही सही सुख में तो बदला दु:ख। एक ही पल को सही, बरस गयी बदली, न सही फुनगियाँ, जड़ ही में सही भर गया हरापन। कंडक्टर चपल हो उठा, बतियाने लगा ड्राइवर से। वह सुनती रही गुमसुम। अपलक तकती रही विपरीत दिशा में, जहाँ तेज़ी से गुज़रते दृश्य थे। यात्रा बीत रही थी। उसकी आँखें विरोधाभासी थीं, जितनी गहरी शान्ति थी उनमें उतने ही ज्वार-भाटे थे।

पचास मिनट की थी उस युवती की यात्रा, और ये पचास मिनट शैलेश और मैं अपना संभावित स्थायी बिछोह भूलकर मगन थे कंडक्टर और मास्टरनी की इस केमिस्ट्री को समझने में। चूँकि हम बिलकुल ही सामने बैठे थे, तो उस शालीनतम और बहुत पतले काँच से रुझान को अपनी कानाफूसी से मलिन और भंग करने का साहस हम भी नहीं कर सके थे। हमने अपनी आँखों और महीन

मुस्कानों से सब कुछ कह–सुन और बाँट लिया था। उनकी आरम्भ होती अस्पष्ट और नाज़ुक दास्तान नैतिकता के बियाबान में हमसे कहीं ज़्यादा सहमी हुई थी। हम न जाने कैसे जान रहे थे कि कंडक्टर बस उससे इतना चाहता था—न हँसे खिलखिलाकर और लड़कियों की तरह, पर हौले–हौले मुस्कुरा तो सकती है। न ले बगीचों के झूलों पर पींगे, बस की इस सीट पर आराम से टिक तो सकती है एक घंटा।

उस युवती का पड़ाव आ गया था। ''मैडम विजैनगर आ गया।'' बस रुकने से पहले कंडक्टर कूद पड़ा केबिन से बाहर। उतरने वालों का बस के दरवाज़े पर जमावड़ा था, मोटी गाड़िया–लुहारन अपनी मलिन पोटलियाँ उतारने को उतारु थी कि कंडक्टर ने एक धीमी डाँट से सबको रोक कर जगह बना कर 'मैडम' को उतार दिया। गाड़िया–लोहारन की एक पोटली उठाते में उसकी कोहनी अनजाने, युवती के कन्धे से छू गई। उफ़! एक बहुत क्षीण मुस्कान कौंधी और बिला गई निर्वात में, उस पल में उस पर ऐसा 'कसूमल रंगराग' छाया कि वह समूची बदल गई। किन्तु बस क्षणांश ही को। वह बस से उतर कर चली। कंडक्टर समेत हम सबने देखे, एक सीधी–सादी औरत के सीधे चलते पैर, जो किसी रूपसी नायिका की तरह कहीं मंडते नहीं थे। या कि मंड कर खुद अपनी मर्यादा के बोझ तले मिटते जाते थे। वह जो पीड़ा को भी अपने यौवन की तरह शॉल में छिपाती थी और कंडक्टर की अबोली तसल्ली का चेहरा उतर जाता। वह तो ऐसी दिखती थी कि मानो उसने अपना रोना–धोना देवताओं तक के आगे नहीं किया होगा। शायद यह सोचकर कि व्यर्थ ही इस देवता को दुःखी किया जाए, बेहतर है चुप्पी ओढ़ ली जाए।

उसके उतरने के साथ ही मेरे मन में एक दीन घर उभर आया, जहाँ वह रहती होगी। जी रही होगी, काले सलेटी दिनों को। जहाँ किसी रेतीले कस्बे की गली का आखिरी घर। ऐसा घर जो कुछ नहीं बोलता दिन की मर्यादा में, मगर रात के अँधेरे में सिसकता होगा। जिस आँगन में कबूतरों की गूटरगूँ होती होगी वहाँ अब आँगन के नीम पर और छज्जों पर कव्वे उतरते होंगे हर शाम। सूने मैदानों में खड़े ठूँठ से उठती होगी उल्लू की आवाज़।

हमने अनुमान तो लगा लिया था कि ये दोनों बहुत दिनों से ऐसे ही यात्रा करते चले आ रहे हैं, क्या यह रोज़ होता होगा? बस की इस अति संक्षिप्त यात्रा में रोज़ अणु मात्र–सा 'कसूमल रंगराग' इसके धवल–वैराग्य पर छाता होगा।

फिर बस से उतर कर ये वैधव्य के विराग सागर में बिला जाती होगी! क्या रोज़ ही उसकी एक उड़ती तरल निगाह की प्रत्याशा में उस युवक का अस्तित्व उड़ने लगता होगा? रोज़ एक उजास की सृष्टि उसके भीतर होती होगी, लेकिन उसके बस से उतरते ही सब धड़ाम हो जाता होगा, छटपटाता होगा कलेजे में घायल कबूतर! उसके भीतर से आत्मा उसके साथ ही बस से उतर जाती होगी! क्या यह रोज़ विजय नगर आने पर ऐसे ही अर्द्धमूर्च्छित हो जाता होगा? मैं उस पल बिलकुल भी नहीं जान सकी थी उनके बीच कोई खामोश मीठी धुन चल रही थी, शोर में गुम जब यह बीत रही थी, वह उतरी तो यह मार्मिक धुन गूँजी है। वह बिना कहे उसे कुछ कह गई थी—''तुम मेरी आवाज़ सुन सकते हो, पर मेरा कंपन नहीं। मेरी थिर भंगिमा देख सकते हो पर पसलियों में उछलता दिल? तुम देख सकते हो जैसी मैं हूँ, पर मेरे देखने को देखो कि किस साहस से मैं देखती हूँ तुम्हें। इस दृश्य में फँसी ख़ामोशी में छिपकर मैं चीख रही हूँ, सुनो मैं तुम्हें प्रेम नहीं करती हूँ। मत बाँधो कोई डोर। जिसे मरना था वह मर कर छूटा या नहीं, नहीं पता? मगर यह ऐसा मरना है जिसे महसूस किया जा सकता है पल-पल मरते हुए।''

लेकिन मर कौन गया था? यह हमने देखा। यकीनन देखने लायक थी उसकी मूर्च्छा, उसके बातूनीपन का खीज में बदलना। रजाई-गद्दे तहाकर वापस पटकना ऊपर और केबिन में न जाकर बस की किसी सीट पर बेजान ढह जाना। अगले दिन की प्रतीक्षा में?

फिर अगला दिन! जब भोर से पहले के घुप्प अँधेरे में, वह अपनी उम्मीद को उजास का भरम ओढ़ा कर, चिड़ियों की चहचहाहट से पहले निकल पड़ता होगा, टिकटों की फड़फड़ाहट लिए। ''गुलाबपुरा-गुलाबपुरा!!'' चिल्लाता हुआ। रोज़ ऐसे ही बीतता होगा, तो रविवार?

हम जान गए थे कि वह उससे परोक्षतः कुछ नहीं चाहता, वह तो बस चाहता है उसके घावों की टीसें सोख लेना। उसकी ज़िन्दगी के लू के मौसमों को बस एक घंटे के लिए बदल देने के लिए छटपटाता है कि उसके मन को ढाढ़स मिले तो कैसे मिले। वह जानता है, वह उसे क्या दे सकता है, बस थोड़ी राहत, कुछ देर का यह एहसास कि—कोई है, जिस पर तुम कुछ देर टिक सकती हो। भावना, भरोसा, तसल्ली ये कोरे शब्द उस निःशब्दता में उस कंडक्टर के हर स्पंदन में सिहर-सिहर जाते हैं। जब वह बस में चढ़ते ही साधिकार केबिन में

घुसती है, गुलाबपुरा आने से ज़रा पहले खाली कराई गई पूरी सीट पर बिछाए सफ़ेद बिछौने पर बैठकर उस बिछाए जाने को सार्थक करती है। बस में गाना चलता है—‘‘एक ढोलो, दूजी मरवण...तीजो कसूमल रंग।’’

क्षण भर को उसके चेहरे पर कसूमल कुसुम खिलते हैं। वह उधर न देख कर भी देखता है कि उसके साँवले माथे पर लाल टीकी (बिंदी) लगी है। वह यह बिना जाने ही संकोच से भर कर कड़क हो जाती है, सूखे होंठ भींचती है, सिमट कर बैठ जाती है। शॉल कस लेती है। एक बादल सड़क भिगो कर लापता है। हवा में भीगी घास की महक है, मौन धारण किए जंगल गुज़रते हैं।

उस सफ़र के बीतते जाते पलों में मैं चाहती थी कि हमारे सामने एक खामोश मीठी धुन सा यह प्रेम रोज़ बीते, यह बस का सफ़र रोज़ हो। रोज़ किसी गाँव से गुज़रने पर गोबर की महक मुझे घर-आँगन, अम्मी और अब्बू के रंगों की खुली प्रयोगशाला की याद दिलाती रहे। मन में बहुत कुछ घुमड़ रहा था लेकिन हम दोनों चुपचाप सट कर बैठे रहे।

हमारे समानांतर एक प्रेम गुज़र गया था, अपनी लघुता में उदात्तता लिए।

अ-अभिव्यक्त अ-दैहिक, अ-मांसल।

और हमारा प्रेम अपनी तमाम दैहिकताओं, अपनी कलाकाराना मौलिक अभिव्यक्तियों के साथ-साथ तमाम विश्व के साहित्य और सिनेमा। प्रेम-उक्तियों से प्रेम और उसके नानाविध इज़हार उधार लेकर एक छोटे बिन्दु में विलोप होता जा रहा था।

ऑर्किड

जिस पल वह उस लड़की से मिला। उस ख़ास पल में ऐसा कुछ भी नहीं था कि उसके बारे में कुछ विशेष कहा जा सके। अब सब कुछ ख़त्म होते-होते, लौटते हुए वह हर उस पल को चमकाना सीख गया था, जिनसे कोई किस्सा मुब्तिला होता। बीते समय को मथ कर उसमें से कुछ जादुई खोजता जा रहा था, और स्मृति के बक्से में तह-दर-तह लपेटता जा रहा था। कुछ ऐसा जो परियों के किस्से-सा हो। साथ ही उसकी अपनी भी पैकिंग जारी थी। ऐसे उपहार जो आमतौर पर डॉक्टरों को नहीं मिला करते। रुद्राक्षों की ढेरी, एक बड़े कछुए का खोल, मलमल की तहों में बन्द कस्तूरी, मणिपुरी लुंगी, टोपियाँ, शहद। वह हर चीज़ को जतन से लपेट कर अपने दो बड़े लकड़ी के बक्सों में जमा रहा था। साथ ही सोचता जा रहा था, उसकी बेटी उससे मणिपुर की कहानियाँ पूछेगी, वह क्या बताएगा? उसके पास एक मणिपुरी डांस करती गुड़िया थी। परियों जैसी। आह! अब तो वह परियों की कहानियाँ सुनने की उम्र पार कर चुकी होगी।

⌒

डॉ. वाशी मणिपुर में चार साल रहा। उसे रहते हुए आधा साल बीता होगा, तब ही की बात है। मई के दिन थे, उसने लड़की को नहीं, लड़की ने उसे मिलिटरी अस्पताल के चैकपॉइंट पर देखा था। बल्कि उसने हल्के इशारे से उसकी गाड़ी को रोका था। वह अंग्रेज़ी बोल रही थी और उसने हिचकते हुए कहा था कि वह आधा-कोर्स करके आधी-सी नर्सिंग ट्रेंड है। क्या वह अस्थाई किस्म का कोई 'जॉब' पा सकती है? बाद में वह कोर्स पूरा भी कर लेगी। वह चेहरे से

बच्ची-सी दिखती थी, पर आकर्षक थी। उसकी आँखें पिघलते चॉकलेट के रंग की थीं और बाल भी वैसे ही गहरे भूरे और सीधे, कमर तक लम्बे थे। गालों की ऊँची उठान उसे औरों से अलग करती थी। डॉ. वाशी को याद नहीं कि उसके इस अप्रत्याशित प्रस्ताव पर उन्होंने क्या उत्तर दिया था। हाँ, उसे ऊपर से नीचे तक ताका ज़रूर था। याद भी क्यों होता? जब से यहाँ आया था, हर जगह उसे यहाँ ऐसे कितने ही सुन्दर चेहरे देखने को मिलते थे, हर चेहरा उसे रोज़मर्रा के 'आई-टॉनिक' (नयन-सुख) से ज़्यादा नहीं लगता था।

हर रोज़ बुरी तरह घायल लोगों को देखना ही उसकी अब तक की दिनचर्या थी। कई बार अर्धमूर्च्छित बच्चे, अपाहिज हो चुकी औरतें। हर सप्ताह बहुत से शव भी आते। दोनों ही तरह के। सिपाही भी और स्थानीय असंतुष्ट लोगों के भी। अशांति यहाँ पिछले कई सालों से है। उदासी, मातम और संघर्ष, इसी के बीच जीवन जैसा कुछ चल रहा है। कोई सप्ताह अच्छा बीतता है, जब केवल दो-तीन शव आते हैं। कोई सप्ताह तब बुरा बीतता जब युवाओं के पूरे झुंड की लाशें आती हैं। चाहे वे सिपाही हों या उग्रता से भरे ये स्थानीय अलगाववादी समूह। पहले वह उदास हो जाता था, जब उन्हीं युवाओं को मुर्दाघर में पाता था, जिनको उसने गाँव के मुहाने पर पिछली शामों को झुंड बना कर मस्ती करते देखा होता था।

उस लड़की से मिलने से एक सप्ताह पहले ही तो...दस युवाओं का एक समूह उसे मिला था। एक-दूसरे की कमर में हाथ डाले लड़के-लड़कियों की एक नाचती-गाती श्रृंखला। वह शाम की सैर पर निकला था और यह झुंड उसे डराने की मंशा से चेन बना कर आगे चला...। वह भीतर से हल्का-सा डरा हुआ होकर भी बाहर से मजबूत रहा और आँख से आँख मिलाकर चलता रहा, बीच सड़क। अपनी भाषा में उसे अपरोक्षत: ललकारते। वह चलता रहा, उनसे आँखें मिलाए। लड़के-लड़कियाँ उसके एकदम पास आकर बिखर गए। ज़ोर से हँसे "अरे! डॉक संभल कर।"

अगले ही दिन मॉर्चुरी इन दस युवाओं के शवों से भर गई थी। शोक मनाते उनके अपने...चीख़ती माताएँ, धमकाते युवक, सर पकड़े बूढ़े पिता। चीखते युवा मुर्दाघर के कर्मचारी को मार डालने की धमकी दे रहे थे, क्योंकि वह बिना मेडिकल सर्टिफ़िकेटों के शव देने से इनकार कर रहा था, मई बरसातों

की शुरूआत का मौसम, शव सड़ना शुरू हो सकते थे। तूफ़ानों और हमलों से बिजली गुल थी। कुछ सिपाहियों के क्षत-विक्षत शव भी ट्रक में रखे थे।

कब्रिस्तानों और श्मशानों में भीड़ जुट रही थी। कुछ कॉफीनों को लोग घेर कर खड़े थे, कुछ कॉफीन एकाकी रखे थे। मृत्यु मृतक को कहाँ एकाकी कर पाती है, एकाकी तो रह जाने वाले होते हैं। इन शवों की पहचान के लिए आई भीड़ में उसने उसी अलगाववादी युवक को देखा, वह पच्चीस साल का होगा। वह एक दोस्त की सहायता से जल्दी-जल्दी रोड पार कर रहा था। उसके एक पैर की जगह ठूँठ था, वह भी ताज़ा और पट्टी बँधा। उसका कष्ट यह नहीं था कि पैर चला गया, इन रास्तों पर चल कर तो यह होना ही था। उसे दुःख हुआ था कि यह एनकाउंटर या हमले के दौरान नहीं हुआ। यह तब हुआ जब वह अपने घर में पत्नी के साथ था। एक हमला और सब नष्ट, बच्ची और पत्नी भी, फिर पैर का क्या मातम मनाता?

उन्हीं दिनों डॉ. वाशी का परिचय एक प्यारी-सी बच्ची ज़ेना से हुआ था, वह अपने छोटे भाई के साथ रोज़ आती थी, उसे ऑर्किड के फूलों का गुलदस्ता बेचती और कैम्प के बाहर सड़क बनाते मजदूरों को मिल्कमेड से बनी हुई कड़क चाय। वे दोनों ऑर्किड के फूलों के गुलदस्ते और एक एलुमिनियम की केतली और मिल्कमेड का एक टिन लिये दिनभर वहाँ बैठते थे। शाम ढलते ही पहाड़ी ढलानों पर जाने कहाँ लौट जाते। सुबह फिर निर्लिप्त भाव से अस्पताल में आती-जाती लाशों को देखते मिलते। वाशी का मन करता उन्हें भगा दे, क्योंकि बच्ची बहुत क्यूट थी, अपने घरों और अपनी औरतों से दूर किसी भी सिपाही पर भरोसा नहीं किया जा सकता था। गाँवों में भीतर अलग बुरा हाल था, आपसी झड़पों में भी कई लोग, बच्चे-औरतें घायल हो रहे थे, मर रहे थे। जब उसे पता चला कि ज़ेना के माता-पिता मर चुके हैं तब वह सोचता कि इस दस साल की बच्ची का क्या होगा जबकि वह स्थानीय भाषा के अलावा कोई भाषा नहीं जानती थी। वह अपने भाई से न जाने किस भाषा में गरदन हिला-हिला कर गुड़िया की तरह बात किया करती थी...। परियों के बारे में नहीं...। शायद उन शवों के बारे में, बारूद से लिथड़े, शरीर से उखड़े अंगों के बारे में, उन्हें खाती बिल्लियों और सियारों के बारे में? वह रोज़ ज़ेना और उसके भाई को सुबह सलामत पाकर खुश होता...उनसे इशारों में बात करने का प्रयास करता।

एक रोज़ ज़ेना के भाई ने कुछ इशारों से, कुछ बोल कर उसे एक लंगड़े युवक के बारे में बताया जो जंगल में एक टूटे-फूटे कॉटेज में मर रहा था, कॉटेज के आस-पास कई मीटर तक बदबू आ रही थी उसके सड़ते ज़ख़्मों की। ज़ेना ने भी 'प्लीज़ अंकल' कह कर उससे अपनी भोली आँखों से आग्रह किया। वह शाम ढले, पैदल ही चला। तमाम खतरों के बावजूद। रास्तों में कुछ लोग ठिठके तो ज़ेना ने अपनी स्थानीय भाषा में कुछ कहा और लोगों ने सलाम किया और आगे बढ़ गये। सच ही में दूर जंगली बेलों में घिरी एक ब्रिटिशकालीन खस्ताहाल कॉटेज थी, और बहुत पहले से बदबू का एहसास हो गया था उसे। गेंग्रीन की। उसने नाक पर मास्क पहना। यह वही युवक था। मोंज़ी नाम था उसका। पहली बार चुपके से जंगल में भीतर जाकर किसी का इलाज किया था। कई दिन तक वह रोज़ गया और कुछ दिन बाद जब वह ठीक हो चला तो अस्पताल से एक पुरानी, टूटी व्हीलचेयर भिजवाई थी...। आखिरी बार डॉ. वाशी जब युवक को देखने गए तो वहाँ वही युवती उसे अपने पिता के साथ मिली। यह प्रिश्का थी, लंगड़ा युवक उसका मौसेरा भाई था। वाशी ने उन्हें डाँटा कि ऐसे कैसे अकेला छोड़ दिया था इसे? तब प्रिश्का ने बताया कि किसी को भी नहीं मालूम था, मोंज़ी के एक साथी 'एलन' और इन अनजान दो अनाथ बच्चों के अलावा। मोंज़ी का साथी एलन कभी-कभी उसके लिए खाना लेकर आता था। युवक ठीक होकर गाँव में चला गया था। बच्चों को कंप्यूटर पढ़ाने लगा था। प्रिश्का जाते हुए ज़ेना को अपने साथ ले गई, एक एन.जी.ओ. में डालने के लिये जहाँ ऐसे बच्चे रह रहे थे। "अनाथालय?"

"हाँ एक तरह से...ओह, कम से कम वे यहाँ आज़ाद थे। फ्री फ़ॉर एवरी थिंग, फ़ॉर चाईल्ड मॉलस्टेशन टू...(हाँ हर तरह से आज़ाद, यौन उत्पीड़न के लिए भी)"

वाशी जानता था कि कभी यहाँ ज़िन्दगी ऑर्किड (orchid) के फूल की तरह खिलती थी, स्वपोषी ऑर्किड जिसे बस सहारा चाहिए था, पोषण नहीं। पोषण वह हवा और प्रकृति से पर्याप्त लेता था। पर अब ज़िन्दगी यहाँ घिसटती है, विकास के नाम पर बहुत कुछ आ गया, मोबाइल, चिप्स, पानपराग, सिगरेट, कोल्ड ड्रिंक्स, मगर सालों से यहाँ के गाँवों में कभी बिजली रही, कभी नहीं रही। बाज़ार के समानांतर गरीबी की भीषणता एक क्रूर मज़ाक है। वह कभी नहीं

जानना चाहता था, इन लोगों को, जीवन के बारे में। वह यहाँ फेंक दिया गया था, या वह अपने भीतर ही एक अनजान लड़ाई लड़ रहा था। वह जब बहुत उलझता, खुद से, सबसे ख़तरनाक, भीतरी इलाकों में घुस जाता। एनकाउंटरों के बीचोंबीच अपनी गाड़ी ले जाता, घायलों को अपनी जिप्सी में डाल कर ले आता। सोचता इतनी गोलियाँ चलती हैं, कोई एक-दो गोली उसके लिए नहीं होंगी क्या? क्योंकि आत्महत्या को वह कायराना मानता था, और वीरोचित मृत्यु...!

पत्नी की उदासीनता और रूखेपन ने उसे बार-बार आहत किया था। जब वह अपनी नन्हीं बेटी पाकर उन चोटों से लगभग उदासीन हो चला था, और वह उसे हर तरह से माफ़ कर चुका था, तो वह चली गई। यह कह कर कि ''बच्ची, तुम्हारी नहीं है।''

''नीलिमा, बच्ची मेरी ही थी, उसने मेरे बायें हाथ की छोटी उँगली कितनी बार सोते में पकड़ी थी, और गाल से सटाने पर गाल चूसे थे। उसकी पेशानी एकदम मेरे जैसी थी।'' खुद को आतंक, अस्पताल और अध्यात्म में डुबो चुका वाशी एकाएक वह सब याद करके विचलित हो जाता, उसकी चश्मे में छिपी आँखें भीगती जातीं और चश्मे का काँच धुँधला जाता।

वह अकसर सोचता था कि वह तो शादी करना ही नहीं चाहता था। उसे खींचा गया इस विवाह नामक संस्था में—बिन प्यार-बिन लगाव। फिर उसे तोहमतें दी गईं। माना एक बेटी भी दी और फिर अचानक उसे भी दूर कर दिया गया। तलाक के नियमों के तहत अब अलगाव का समय भी निकल चुका था और वह डाक में मिले काग़जों पर दस्तख़त कर, आपसी रज़ामंदी के तहत आज़ाद था, हर रिश्ते से। यही वजह थी कि मृत्यु के भय से वह सहज ही ऊपर उठ गया था। वह गाड़ी लेकर पूरी वादियों में खुल कर घूमता। हर जगह खतरों के बावजूद, लोग उसे जहाँ जाने के लिए मना करते वह वहीं पहुँच जाता। सुन्दर मनोरम दृश्यों में जब वह बारूद की गंध सूँघता, जगजीत सिंह की उदास ग़ज़लें तेज़ आवाज़ में चला देता, वहाँ के मनोरम दृश्य उन ग़ज़लों से उदासी सोख लेते। फिर वे ग़ज़लें महज़ शब्द रह जातीं।

'मंज़िल न दे, चराग़ न हौसला तो दे...'—

अपने जिप्सी ढंग से उसने हर फ़िक्र को धुएँ में...उड़ाना सीख लिया था। उसके ढेर सारे स्थानीय मरीज़ थे, जिनसे प्रत्यक्षतः मिलना, उसकी नौकरी के कायदे से ठीक नहीं था, पर वह खोज-खबर रखता। एक बार वह किसी गाँव

की तरफ़ जा रहा था कि एक आर्मी वाले ने उसे एक चैक पोस्ट पर रोक लिया, "साहब आगे मत जाइए, एनकाउंटर चल रहा है।" वह रुका रहा, आधा-पौना घंटा हो गया रुके हुए। फिर उसका सब्र जवाब दे गया। एनकाउंटर हुआ है तो घायल भी होंगे, उसने एंबुलेंस को संदेश भिजवाया। दो किलोमीटर आगे बढ़ा तो दो गोरे, लम्बे बालों वाले कैमोफ्लैज प्रिंट की वर्दी पहने हुए युवक नीचे लुढ़क कर गिर रहे थे। उसने गाड़ी रोकी, तब तक वे नीचे आ गए थे। एक के सिर में गोली लगी थी, दूसरे की पीठ में तीन जगह...ये गोरे सुन्दर युवक थे, जिनकी हल्की भूरी मूँछें अभी पूरी नहीं उगी थीं। इन्होंने अपने संगठन की वर्दी पहनी थी। तभी एक सूबेदार भागता हुआ आया और उन्हें लात मारने लगा, उसे नागवार गुज़री सूबेदार की यह हरक़त। उनकी साँस अब तक चल ही रही थी। वाशी ने ज़ोर से डाँटा, "कैसे सिपाही हो तुम? देख रहे हो ये अचेत हैं...।"

"साहब पहले उधर भी देख लेते...वो लोग क्या कर रहे हैं?" वह ऊँचाई से ढलान की तरफ़ बढ़ा तो देखा, दो युवा सिपाही मुँह खोले पड़े थे...उनके मुँह पर ज़िप खोल कर पेशाब कर रहे थे...बहुत से असंतुष्ट स्थानीय लोग—बच्चे, बूढ़े। किसी स्थानीय संगठन का कमांडरनुमा एक आदमी कुछ दूर सुरक्षित ऊँचाई पर बैठा माउथऑर्गन बजा रहा था।

एंबुलेंस के साथ एक पूरा दस्ता आ गया था। स्थानीय लोग शवों को लेकर जंगलों में भाग गए थे। वाशी चुपचाप अपनी जिप्सी में जा बैठा और प्रिश्का के बारे में सोचने लगा, प्रिश्का जो नर्स बनना चाहती थी मगर उसकी अनुवादक बन गई थी। उस भीषण पलों में वह हैरान हुआ कि वह प्रिश्का के बारे में क्यों सोच रहा था? वह क्या उससे थोड़ा बहुत आकर्षित था? क्योंकि उसके बाल सीधे और लम्बे थे। लम्बे बाल उसकी कमज़ोरी थे। उसकी आँखें चॉकलेट के रंग की थीं। बाकी यह सच था कि जब वह उससे मिला उस पल में ऐसा कुछ भी खूबसूरत नहीं गुज़रा था, न कोई मोर बोला था, न ही सितारे टूटे थे आसमान से।

वह नहीं जानता था कि प्रिश्का कितना जानती है, यहाँ की राजनीति के बारे में। मगर 'अवर क्रिपल्ड डेमोक्रसी' (हमारा लंगड़ा लोकतंत्र) और 'अवर इंडिया' जैसे शब्द जब बोलती थी, उसे सुकून मिलता था। प्रिश्का ने उनके अस्पताल में आना शुरू कर दिया था, अनुवादक की तरह। वही एक मणिपुरी लड़की थी, जो अपने पिता की तरह कई भारतीय भाषाएँ जानती थी, और 'वहाँ इंडिया में...' जैसे जुमले नहीं बोलती थी।

प्रिश्का बीस साल की थी, जब डॉक्टर वाशी से मिली थी। अपनी

छोटी-सी उम्र में उसने बहुत कुछ जी लिया था। बहुत से छोटे-छोटे युद्ध जिनका कि कोई राजनैतिक हल नहीं था। उसे उसकी और सहेलियों की तरह उसके पिता ने यह नहीं बताया था कि सेना और सैनिक उनके दुश्मन हैं और हम इंडियन नहीं हैं...वह जानती थी कि तमाम विरोधों और झड़पों के बावजूद वे सब, आपदा के समय सेना और उनके अस्पतालों पर निर्भर होते हैं। बस यह बात वह समझ नहीं पाती थी। क्यों डॉ. वाशी का उसके पिता बहुत सम्मान करते हैं? क्यों डॉ. वाशी को 'मिशन डायरेक्ट' करने वाले मोंज़ी की तरफ़ से एलन और फिर उसके द्वारा हिदायत दिलवाई/कहलवाई जाती है कि 'डॉक्टर वाशी से कहना कि मौज में अपनी गाड़ी लेकर उस खास जगह पर न निकलें...आज वहाँ संभावना है।' यही वजह थी कि उसने उस रोज़ डॉ.वाशी की गाड़ी रोकी थी। वैसे उसे नौकरी की ज़रूरत थी, पिता बूढ़े हो रहे थे।

डॉ. वाशी, एक लम्बा-चौड़ा, सरल-सा, हानिरहित इंसान। जो निर्लिप्त होकर गन्दे से गन्दे, भीषण घायल, सड़ते ज़ख़्मों वाले लोगों की सेवा करता है, बूढ़ियाँ उस पर भरोसा करती हैं, गाड़ी रोककर छोटे-छोटे गाँवों के लोग अपने-अपने बस स्टॉप पर आ जमा होते हैं। बदले में वह हर शनिवार-इतवार की शाम अजीबोगरीब 'करेन्सी' की फ़ीस के ढेर के सामने असमंजस में बैठा होता। पॉलिथीन में भरा बकरी का दूध, शलगमों के गुच्छे, जंगली अदरक की ढेरी, भुट्टे, मुर्गाबियों के अंडे, कछुए के सुन्दर खोल...कभी-कभी तो कोटरों से पकड़े तोते। एक बुढ़िया तो उसके इलाज के पैसे देने के लिए तीन दिन उस रास्ते पर आती रही, जहाँ से वह गुज़रता था। वह उन दिनों कहीं व्यस्त रहा तो अस्पताल के गेट पर चली आई, वह कोई स्थानीय फल लाई थी, जिनका स्वाद तुर्श था, और मुड़े-तुड़े साढ़े आठ रुपए। उसने बहुत मना किया मगर उसने जबरन उसके हाथ में थमा दिये।

प्रिश्का, उसके साथ अस्पताल में बैठने लगी थी, उसके साथ आने-जाने लगी थी; उसकी अनुवादक बनकर। उसे आस-पास की ज़्यादातर भाषाएँ आती थीं। मणिपुरी तो आती ही थी, मिज़ो और नागामुखी, नेपाली, बांग्ला भी आती थी, ठीक-सी अंग्रेज़ी और थोड़ी बहुत हिन्दी भी। वह सच में संभावनाओं से भरी लड़की थी।

''मुझे इस लड़ाई से बहुत हेट है। दोनों साईड ही गलत हैं। हमारे घर के पीछे से हमारे यहाँ के लड़के हमला करते हैं। पापा ख़ामोश रहते हैं, बोलते नहीं। मुझे भी रोकते हैं। मुझे डर लगता है।''

प्रिश्का को डॉ. वाशी सनकी भी लगता, जब वह एक तरफ़ सेना की तरफ़ था, उनके पक्ष में, उनका डॉक्टर। ख़ूँख़ार सैनिकों के इलाज के लिए तैनात। वहीं वह प्रिश्का के पत्रकार पिता का दोस्त भी था, उनके कहने पर न जाने किन भीतरी गाँवों में जाकर संदिग्ध घायलों का भी इलाज कर आता। बल्कि बॉर्डर रोड पर पड़ने वाले छोटे-छोटे गाँवों के लोगों का भी। वो लोग उसे बदले में क्या देते—थोड़े फल, और खाना, और शायद कुछ विश्वास और कुछ सम्मान। कभी-कभी जब वह देर रात कहीं से लौटता तो उनके घर आता, प्रिश्का अपनी माँ के साथ लेटी होती। वह उसे देख मुस्कुराता, उसके पिता से बातें करता, ज़्यादातर सुनता, क्योंकि उसके पिता ही बोलते थे ''देखिए डॉक्टर! डेवलपमेंट जो है न इंडियन गवर्नमेंट का, वह ईस्टर्न यूपी के बाद ख़त्म हो जाता है, इसलिए डेमोक्रेसी भी वहीं ख़त्म...हम तो बहुत ही दूर के इस्टेट हैं, हम छोटे-छोटे ग्रुपों में रहते रहे, प्रिमिटिव (आदि मानव) जैसे...चर्च ने हमें एक साथ तो कर दिया।''

''आपने देखा है...बाकी भारत।'' बोलने को वाशी बोल तो गया, पर प्रिश्का के पिता ने उसे सहजता से लिया।

''हाँ, पहले जब भी ट्रेन से डेल्ली (दिल्ली) जाते थे, प्रेस क्लब की 'ऑल इंडिया कॉन्फ्रेंस' में। तब से हम देख ही रहे हैं, आपके भारत और अपने इंडिया को। हमारे स्टेट के लोग वैसे पीस-लवर हैं, मेहनत करते हैं। रोज़ का उगाना, कमाना, खाना-पीना और जीने का मज़ा लेना। इन लोगों ने बहुत भरोसा किया था पहले गवर्नमेंट की पॉलिसी पर, आर्मी पर। इनीशियली दे यूज़ टू फ़ील दे आर गेस्ट टू अस, वन डे दे विल लीव। आई मीन डिफ़ेंस फ़ोर्सेज़। बट नाउ दे फ़ील बिट्रेड! (शुरू में सुरक्षा एजेंसियाँ इनके लिए मेहमान जैसी थीं कि मेहमान आए हैं, चले जाएँगे, लेकिन अब ये छला हुआ महसूस करते हैं) हमारे यहाँ के लोग कहते हैं कि सुबह मेहमान आए तो उसे ब्रेकफास्ट कराओ, फिर भी रुका रहे तो लंच कराओ, दोपहर में सोने को बिस्तर दो, शाम भी रुके तो चाय दो, रात को रुकना चाहे तो डिनर दो। लेकिन अगर वो...आपके घर की औरतें और खेती की ज़मीन माँगने लगे तो...काट दो मटन काटने वाले नाईफ़ से...।''

वह चावल की शराब का आखिरी घूँट पीता और उसे पिघलाने वाली नज़र से देखता, कुछ देर बाद गाड़ी स्टार्ट कर चला जाता, वह बाहर भागती...उसे

देखने...वह जानता होता था कि वह भाग कर बाहर आई है...अँधेरे में दूर जाने पर टॉर्च हिलाता।

दिन के उजालों में उसने कभी वैसे नहीं देखा, बस काम से काम। प्रिश्का को वह खुश रखता। उसका ख्याल रखता, नर्सिंग ट्रेनिंग के अधूरे छूटे कोर्स को पूरा करने के लिए उसे पढ़ाता। काम और व्यायाम के मामले में वह कोई समझौता नहीं करता था, उसका मजबूत शरीर उसका साथ देता, पर आँखें, वे थकान नहीं छुपा पातीं। उसकी प्यारी थकी आँखें।

वह काम के मामले में एकदम सनकी था। दिन भर मरीज़ देखता, यात्राएँ करता यहाँ-वहाँ, जहाँ किसी यूनिट में कोई बीमार होता। बाकी आस-पास के गाँव, जो बॉर्डर रोड के पास के थे, या कई बार दूर के भी। वह अध्यात्म की ओर मुड़ चला था। थका-हारा आता तब भी रात को वह अध्ययन करता, वह जर्नल्स के लिए स्थानीय लोगों की बीमारियों पर, उनके स्वास्थ्य और रहन-सहन पर लिखा करता। कबीलों के खान-पान की आदतें वगैरह। वह छह घंटों से ज़्यादा कभी नहीं सोता।

प्रिश्का के एक बार बहुत पूछने पर उसने बताया था कि वह यहाँ क्यों आया था और क्यों खतरे मोल लेता है, और क्यों अब नहीं जाना चाहता यहाँ से।

''क्योंकि नॉर्थ-ईस्ट ने मुझे बहुत कुछ दिया है। पहले मैं सोचता था कि मुझे कोई प्यार नहीं करता, मैं ऐसे इलाके में चला जाऊँ जहाँ असली दुःख हों कि मैं अपना दुःख भूल जाऊँ, या ऐसी जगह जहाँ गोलियों की बौछारों में...मेरी मौत कायराना होने से बच जाए। शायराना हो जाए।'' कहकर हँसता, ऐसी हँसी जिसके आगे रुदन भी फीका पड़ जाए। तब प्रिश्का टाइपिंग के बीच से अपना सिर ऊपर उठाती, अपने सीधे लम्बे बालों को हाथ से आगे लाती, अपने सुर्ख़ लाल, माँसल होंठों को गीला करती और कहती—''वो एक जन इतना इम्पोर्टेंट कैसे हो सकता है जो लव नहीं करता, और बाकी जन का क्या जो अपको लव करते हैं? आपके मम्मी, आपकी बेटी, आपके पेशेंट, कुलीग...आपके पेशेंट की आँख़ में जो लव है, रिसपेक्ट है। याद नहीं कैसे हमारे यहाँ गर्ल्स आपके ऊपर कॉन्फ़ीडेंस रखते हैं, कोई प्रॉब्लम हो तो यहाँ-वहाँ, अपना सैरॉन्ग (लुंगीनुमा स्कर्ट) आपके सामने खोल देते हैं, स्टाइल में।''

वाशी समझ गया था कि प्रिश्का अपने आखिरी वाक्य में व्यंग्य कर रही

है। सफ़ाई में वो बोले। ''अरे, तो बेचारी को जाँघ में फोड़ा हुआ था। डॉक्टर के सामने तो...तुम्हें जलन हो रही है क्या? गाँव की लड़की थी, बेचारी।''

''बेचारी, गाँव की लड़की...अभी जानते नहीं आप?''

प्रिश्का उसके लिए कभी-कभी देर रात तक रुक कर भाषानुवाद करती तो वह उसे छोड़ कर आता। वह बहुत से कबीलों के अजीबोगरीब रिवाज़ों के बारे में बताती थी। वह टाइपिंग भी सीख गई थी उसके लिए। उसके लिए उसे बहुत कुछ सीखना पड़ा। वे देर तक साथ काम करते। काम के बीच कभी-कभी कुछ क्षण चुराने लगा था वाशी, कुछ छुअन, कुछ आनंद। जहाँ क्षुद्रता या शोषण नहीं था। बस स्नेह भरे स्पर्श थे। प्रिश्का मना नहीं करती, वह उसके लोगों के लिए नि:स्वार्थ काम कर रहा था।

उसके निरंतर बदलते स्पर्शों के प्रति प्रिश्का की सौजन्यतापूर्ण सहमति ने डॉ. वाशी को विवश कर दिया। एक दिन देर शाम वे दोनों टहल रहे थे, गीली घास पर। सीलन की वजह से डॉक्टर को छींकें आने लगी थीं। उसने कुछ कहा, जो डॉक्टर की छींक में गुम हो गया।

''मैंने कहा, मैं भी आजकल डायरी लिख रही हूँ।''

''वाह!''

''लिखना मतलब लेखन वाला नहीं, पर जो सोचती हूँ वही। सपना देखा करती हूँ, प्यारी दुनिया का, बिना सेना वाली। बिना घायलों, बिना बन्दूकों वाली।''

''मैं होता हूँ सपने में?''

''कभी-कभी,'' वह मीठा-सा मुस्कुराई। यही मक़सद था भी।

''मसलन, सेक्सी फ़ेंटेसी?''

''ओ गॉड!'' वो हँसने लगी और वाशी की बाँह ज़ोर से दबा दी।

उसकी हँसी के पंख फिर सिमट गए, पाले में। वह अपने खोल में चली गई।

वाशी ने उससे पूछ ही लिया, ''मेरे साथ ज़िन्दगी बिताओगी?''

''एकदम नहीं, मैं यहाँ से जा नहीं सकती। यह मेरा देश है।''

''देश तो मेरा भी है, स्टेट तुम्हारा हो सकता है।''

''जो भी है, मगर तुम एक दिन यहाँ से जाओगे और मैं तुम्हारे साथ कभी नहीं आ सकती।''

''तुमने यह तो नहीं समझ लिया कि मैं जौंक हो रहा हूँ!''

''अरे नहीं। नहीं। कभी नहीं। बस बुरा दौर चल रहा है हमारे यहाँ। सच बोलूँ, मुझे...मुझे किसी से बहुत प्रेम है।''

''तो...भी तुम...किसी और से प्रेम करते हुए भी मुझे सेमी सेक्सुअल प्लेज़र (आनंद) कैसे दे सकीं?''

''क्योंकि मुझे लगा कि तुम्हें ज़रूरत थी...।''

वाशी को वितृष्णा हुई। वह चीख पड़ा, ''मेरी ज़रूरत के लिए? ज़रूरतों के लिए पैसों से सब मिल जाता है, समझीं? मुझे खुशी हुई थी कि तुमने आर्थिक सहायता नहीं माँगी थी, काम माँगा था, और तुम इतनी संभावनाओं से भरी थीं कि मुझे लगा था कि तुम कोई कैरियर बना पातीं।''

अगले दिन से प्रिश्का नहीं आई...

डॉ. वाशी उस रोज़ पहली बार 'बार' में गया। बार में दो तीन अफ़सर बैठ कर शराब पी रहे थे, एक अचानक उससे पूछ बैठा—''डॉक, एड्स के क्या लक्षण होते हैं?''

''क्यों? क्या हुआ?''

''नहीं, जवानों को जागरूक करना है।''

''हम हर साल एलिज़ा टेस्ट करवाते तो हैं। एक हर तीन महीने में एक एड्स अवेयरनेस वर्कशॉप भी रखते हैं।''

''वो सब ठीक है, पर...''

''देखने में एच.आई.वी. के कोई लक्षण नहीं होते। लगातार बुखार... वज़न कम होना...लेटेक्स (निरोध) बुरी चीज़ नहीं मेजर। वैसे आनंद तो चरम का ही है, सुरक्षा बड़ी चीज़ है। चरम का परम आनंद तो अपने हाथों की निर्भरता में भी आ सकता है, और एड्स का खतरा भी नहीं...गोली का भी नहीं। ज़्यादा इधर-उधर किया तो गोली मिल जाएगी किसी रोज़ चिट्ठी में लिपटी उस दिन जय-जय सिया राम!''

दूसरे को चढ़ चुकी थी—''अरे डॉक, एड्स तो फिर भी दस साल लेगा। गवर्नमेंट ने तो हमारा उसके बहुत पहले ही पक्का मरने का इंतज़ाम कर रखा है। श्रीलंका से ज़िंदा लौटे तो, वैली में फेंक दिया...वैली में गोली लगी। सीनियॉरिटी कम हुई...ठीक हुए फिर यहाँ फेंक दिया, यहाँ से बचेंगे तो फिर वैली...।''

तीसरा टीटोटलर था, उसने पाईनेपल जूस पीते हुए कहा—''जिस गवर्नमेंट के चलते हम यहाँ हैं, वही हमारे साथ नहीं। अरे हम लोगों के पक्ष में कौन है? हथियार हैं नहीं, हैं तो चलाने नहीं देते। बस सब कंट्रोल करो। ब्यूरोक्रेसी वाले करोड़ों में खाते हैं, साथ भी नहीं देते। हम एकाध हज़ार एडजस्ट कर दें तो बदनाम हो जाते हैं। यहाँ के स्थानीय लोग और राजनीतिज्ञ तो हाथ में हाथ लिए हैं। इंटैलीजेंस एजेंसियाँ यहाँ की पॉलिटिक्स की जेब में।''

पहला बोला—''और बीवियाँ! जब हम मरेंगे हमारी डेड-बॉडीज़ से पहले हमारे बैंक अकाउंट देखेंगी...इंश्योरेंस के काग़ज, किसी 'पेट्रोल पंप' पर हमारी माला लगी तस्वीर होगी और ये शिफ़ॉन की साड़ी पहन कर...''

दूसरे ने टोका—''चल-चल खाना लग गया, बहुत चढ़ गई तुझे...।''

पहला—''ओए किससे बोला कि चढ़ गई...ये तो इंसल्ट है साले!''

वाशी ने अपनी स्कॉच एक घूँट में पी और बाहर आ गया। उसका खाना खाने का मन नहीं किया। तलाक़ से पहले की बात है, उसकी पत्नी ने उसके लाईफ़ इंश्योरेंस के पेपर्स में जब देखा 'नॉमिनी' के लिए उसने बेटी और अपनी माँ का नाम रखा है, तो उसने झगड़ कर केवल अपना नाम करा लिया था।

''वह तो नन्हीं बच्ची है, वहाँ तुम्हें कुछ हो गया तो...पेपरवर्क तो मुझे देखना होगा। चीज़ों को क्यों उलझा रहे हो?''

डॉ. वाशी के साथ प्रिश्का ने एक साल काम किया था। वे बहुत भन्नाए हुए थे कि बता कर जाना चाहिए था लड़की को। प्रिश्का के जाने से पहले उसकी सीनियर नर्स सुनंदा ने उससे कहा भी था, ''सर, प्रिश्का किसी लड़के एलन से प्यार करती है, चुपके-चुपके शादी की तैयारी भी चल रही है।''

उन्हीं दिनों सीमा सुरक्षा बलों ने एक बड़ा एनकाउंटर किया था। बहुत से युवा मारे गए। इस पर हज़ार से ज़्यादा लोगों ने प्रदर्शन किया। स्त्रियाँ घर से निकल आईं, केवल अपने स्टेट के झंडे को देह पर लपेट कर मुख्यालयों के बाहर प्रदर्शन किया। प्रदर्शनकारियों में प्रिश्का भी थी, एलन भी था। जब तक आँसू गैस, पानी की धार से नहीं रोका तब तक लोग डटे रहे, फिर डंडे और बाद में गोलियाँ चलने लगीं और तभी एक लड़के ने अपने जिस्म पर पेट्रोल डाल कर आग लगा ली...यह एलन था। उसे बचाने के लिए प्रिश्का उसे खुद से लिपटा

कर आग बुझाने की कोशिश करने लगी...मगर पेट्रोल उस लड़के के कपड़ों से लपटों में बदल-बदल कर टपक रहा था। वह तुरन्त वहीं गिर गया, प्रिश्का भी थोड़ा झुलस गई थी।

पुलिस ने उस समय हालात काबू कर लिए, चीखती प्रिश्का को एलन से दूर कर दिया था। तब कुछ दिन बीतने पर प्रिश्का का उसके पास फ़ोन आया था, मगर वह छुट्टियों में माँ से मिलने गया था, सुदूर पश्चिमी छोर अजमेर। उसने पुरानी नाराज़गी के चलते उसे उपेक्षित कर दिया था। जब वह लौटा तब नर्स सुनंदा ने पूरा घटनाक्रम बताया। वह प्रिश्का से मिलने गई थी, बता रही थी कि एलन को स्थानीय जिला अस्पताल में रखा गया था। वहाँ बहुत बुरे हाल थे, बर्न वार्ड के। दवाइयों की दुकानों में महँगी वाली एंटीबायटिक दवाएँ उपलब्ध नहीं थीं और एलन सत्तर प्रतिशत जल चुका था। उस पर भींगता हुआ, फफूंद भरा मौसम। चार दिन बाद वह इनफ़ेक्शन से मर गया। अब एलन, नर्स सुनंदा और वाशी के लिए तो मर चुका था। प्रिश्का के लिए ज़िंदा था। यही परेशानी थी, वह उसके ग्रुप की छोड़ी हुई मुहिम में रुचि ले रही थी जो कि एक हद तक आत्मघाती था।

सुनंदा ने ही उसे बताया था—''प्रिश्का को पता है सर, कि आप लौट आए हैं, उसके लिए आप से मिलना सबसे मुश्किल काम है, आप ही हैं जिसकी वजह से वह बहुत परेशान होती है। आप वास्तविक हैं और बाकी छावनी उसके लिए दुश्मन! पठारी सड़क की ढलान के बस स्टॉप पर हो सकता है दो-चार दिन में प्रिश्का आपसे मिले।'' दस दिन बीत गए मगर वह नहीं मिली। उसने उम्मीद छोड़ दी थी।

~

एक रोज़ वह जगजीत सिंह की ग़ज़लें चलाते हुए पठारनुमा सड़क से गुज़र रहा था, नीचे ढलान पर आते-आते न जाने उसे क्यों लगा, उस सुनसान बस स्टॉप पर हो न हो प्रिश्का खड़ी है। जब पास जाकर उसने जिप्सी रोकी। देखा, हाँ वही थी। लेकिन यह तो वह प्रिश्का कतई नहीं थी, जिसे वह जानता था। उसके भीतर ताज़गीभरी, जिज्ञासाओं वाली प्रिश्का कहीं खो गई थी। उसने लम्बे बाल कटवा लिए थे। यह तो कोई नर्वस-सी लड़की थी। जिसकी आँखें एकदम अस्थिर। जब वह मुस्कुराई तो उसमें पुरानी प्रिश्का झलकी। वह सपना भी जो डॉ. वाशी

ने देखा था, प्रिश्का और अपनी बेटी दोनों के साथ एक शान्त ज़िन्दगी जीने का। यह सपना बहुत धुँधला-सा था। अमूर्त, जिसका कोई आकार-प्रकार, दिशा नहीं थी। वह शादी नहीं करना चाहता था, बस प्रिश्का और बेटी के साथ रहना चाहता था और इस चाह को वह मन-ही-मन ख़ुशफ़हमी कहता था। क्योंकि वह तब जानता था कि उसकी बेटी को उसकी पत्नी कभी यहाँ आने की इजाज़त नहीं देगी, प्रिश्का को उसका प्रेमी...जो अब नहीं है। यह सपना हिला...एक घायल तितली-सा। प्रिश्का की वह मुस्कुराहट जिस दिशा से आई थी, उसी दिशा में चली गई। डॉ. वाशी का असमंजस छलक आया, तो वह फिर मुस्कुराई।

''भूल गए क्या मुझे ?''

''कतई नहीं।''

''तो मैं सुन्दर नहीं रही ?''

''तुम उतनी ही प्यारी हो। जानता हूँ, एलेन की मौत...''

''उसे तो चार महीने हुए। अब क्या ? मुझे अब दुःख नहीं होता।''

कटी लकड़ी की, पेंट उखड़ी बेंच पर बैठी थी वह। उसने एक जैकेट पहन रखा था, नीला। उसने हाथ बढ़ाया, डॉ. वाशी ने चूम लिया। उसने दस्ताने पहने थे, ऊन का खुरदुरापन वाशी को अपने होंठों पर महसूस हुआ। वह मुस्कुरा दी, ''स्कार्फ में स्मार्ट लग रहे हो।''

''तुमने जो दिया था।''

उसने अपनी बाँह उसकी तरफ़ बढ़ाई और वे धीरे-धीरे आगे टहलने लगे। उनकी साँसों से निकली धुँध आस-पास फैल गई।

''कहाँ हो आजकल ?''

''जहाँ मुझे शान्ति मिल रही है।''

''हाँ, तभी तुम शान्त दिख रही हो। मुझे अफ़सोस है कि मैं तुम्हारे मुश्किल दिनों में साथ नहीं था। और एलन...!''

''जाने दो, एलन मेरे लिए कभी नहीं मर सकता...। मुझे अफ़सोस है कि मैं आपके पास से चुपचाप चली गई थी और आपसे छिप कर रही। ऐसा नहीं था कि मैं गुस्सा थी, उस बात से। बल्कि जिस पल लगा कि आप मुझसे प्रेम करते हो तो लगा कि मैं आपको कहीं खतरे में न घसीट लूँ। आपको कोई चोट न पहुँचा दे मेरी वजह से।''

''मुझे कोई क्यों... ?''

''क्योंकि हो तो तुम इंडियन डिफेंस (भारतीय फ़ौज) के डॉक्टर।''

''वैसे मुझे तुम्हारे चले जाने से उससे भी ज़्यादा चोट पहुँची।''

''हाँ पहुँचती है...किसी की केयर करो और वो चला जाए तो...बिन बताए! बिना आगाह किए...एलन ने बताया तक नहीं था कि उसका इरादा ऐसा भी कुछ था...दिन रात हम साथ ही थे? मैं नहीं जान सकी कि यह पहले से तय था या अचानक! अचानक था तो पेट्रोल केन उसे किसने थमाया था? हम तो साथ खड़े थे।''

''तुमने उस एन.जी.ओ. में काम करना शुरू कर दिया, क्या था उसका क्या हुआ? ज़ेना कैसी है?''

''मुझे किसी एन.जी.ओ. में काम नहीं करना। मैं अब इतनी बेवकूफ़ नहीं कि चैरिटी करने वालों की तरह ही अपने ही आस-पास हो रहे अन्याय को नहीं समझ सकूँ। ज़ेना किसी मिशनरी स्कूल में है, उसके भाई को बौद्ध मॉनेस्ट्री वाले ले गए। वो नन्हा-भिक्षु बहुत रोया था उस दिन...डॉक, हमारा धर्म तो जंगल था, छोटे कबीले थे, गाँव-खेती...! एवरीबडी हैज़ ईटन अस इन पीसेज़ लाईक ए केक! (सब ने मिलकर हमें टुकड़ों में बाँट कर खा लिया, केक की तरह!)'' कहकर वह सुबकने लगी। वाशी ने उसे बेंच पर ला बिठाया और उसकी पीठ सहलाता रहा।

वह दो तीन मिनट चुप रही। फिर उसका हाथ हटा कर बोली तो उसके शब्द बहुत दूर से तैरते आए। उसने डॉ. वाशी को भूतकाल में पटक दिया था। इन शब्दों से उसकी उम्मीद बुझ गई थी।

''तुमने हम सबके लिए बहुत हमदर्दी रखी थी, मैं एहसानमंद हूँ। रहूँगी।''

''तुम एहसानमंद मत होओ, मुझ पर एहसान करो प्रिश्का, वापस चलो, मेरे कितने काम अधूरे हैं। नर्सिंग की एक टैम्परररी पोस्ट आने वाली है, तुम्हें अपना कोर्स पूरा करना है।'' वह चाह कर अपने अल्फ़ाजों को वो दम नहीं दे पाया था। उन अल्फाज़ों के तो पैर ही कमज़ोर थे। बल्कि थे ही नहीं। उसने एक पल को अपना सिर वाशी के कन्धे पर रखा। लेकिन जवाब फिर भी नहीं दिया उसने।

''डॉक। मैं एलन के तर्क से सहमत हूँ। मैं उसके मिशन में उसके दोस्तों के साथ हूँ। तुम जानते हो कीमोथैरेपी कैंसर को और बुरा बना देती है। अब

दया और सहयोग और शान्ति की अपील इस कैंसर के लिए 'कीमोथेरेपी' है। इसका सही इलाज है, 'एम्प्यूटेशन' यानी काट फेंकना...एलन सही कहता था—लोगों को उनके हिस्से का अधिकार न मिले, खाना, शिक्षा, सुरक्षा...वो तो जाने दो इतना संगीन मसला भी नहीं। मगर जो हमारा था, वह तो न छिनता... ये जंगल-पहाड़, हमारी खेतियाँ, पशु...और हमारी औरतें!! हमारे शहर, गाँव, कस्बे सेना के ट्रकों, बन्दूकों...और सिपाहियों से भर जाएँ और हम उनके साये में कँपकँपाते जीते रहें? सुधार कार्यों में समय और ऊर्जा क्या बर्बाद करना, जब कुछ सुधरना ही नहीं है तो क्रांति ही आख़िरी इलाज है न डॉक!''

वाशी, प्रिश्का को देखता रहा...।

''माफ़ करना, और प्लीज़ तुम खुद को उनमें शामिल मत समझना...तुम्हें तो हम सबने चाहा था। तुमने निस्वार्थ हमारे इलाज किए। आजकल पापा बीमार हैं, मेरे और मोंज़ी के साथ रहते हैं...। यहीं पास ही, जंगल के बीच सड़क के उस पार उसी कॉटेज में। पहले वाला समय होता तो मैं तुम्हें साथ ले चलती, वे भी तुमसे मिलकर बहुत खुश होते। सुनो यहाँ से अब इंडिया में ट्रांसफ़र ले लो...चले जाओ।''

प्रिश्का ने साँस छोड़ी और मुड़ गयी...वह झपट कर पीछे गया, उसके सामने खड़ा हो गया...।

''इंडिया! यू टू प्रिश्का?''

वह होंठ चबाती रही, यहाँ तक कि खून छलछला आया...अपनी चॉकलेटी आँखों में आँसू लिए वह सड़क के उस पार भाग गई।

लापता पीली तितली

वह चार साल की थी, और वह वहाँ क्यों थी? अपने घर से बहुत दूर, कई गलियाँ और दो मोहल्ले, सात विशाल द्वार और चढ़ाइयाँ पार कर? किसी घर की अजनबी छत पर अपनी फ्रॉक के नीचे बिना कुछ पहने? महज़ एक तोते की चाह में?

"ए बिल्ली, जानती है? वह तोता बोलता है।"

"मेरा नाम भी बोलेगा?"

"हाँ, मेरी छोटी बहन पिंकी का नाम तो बोलता है। तेरा भी बोलेगा।"

"डीके अंकल, मगर बिल्ली नहीं मिन्नू।"

"न मिन्नू, न बिल्ली, मिस मनाली बोलेगा, ठीक है? अब चलें?"

एक पीली तितली लापता हुई थी। यह उसके जीवन के उन दिनों की बात है, जब मौसम, वक्त और उमर की गिनती तक नहीं पता होती थी। हर दिन एक उत्सुक रोशनी लिए उगता था। सूरज बतियाता, चाँद कहानियाँ सुनाता। जब वह पाठशाला तक नहीं जाती थी तो हर दिन उसके लिए एक पाठशाला होता था। हथेली पर रखी रेशम की गुड़िया और बाँह पर साथियों की चिकोटी, जाँघ पर चलते मकोड़े की गुदगुदी तक नई लगती थी। पेट की गुलगुली एक मज़ेदार खेल होता, किसी की छींक तक पर खिलखिला देने के दिन थे। बड़ों के शरीर बहुत बड़े लगते, चाहे वह कोई थोड़ा ही बड़ा क्यों न हो, सच के बड़े तो बहुत बड़े थे। छोटा-सा पार्क विशाल लगता और खिलौना ट्रेन में कूद कर बैठना भी कठिन कवायद। हमेशा खेलना, खाना और रोज़ कुछ नया जानना और उसे कौतुक की तरह लेना। नौ बजते ही जहाँ खेलते वहीं गहरी नींद में सो जाना, सुबह बिस्तर पर मिलने पर कुछ न याद रहना कि यहाँ कब, कौन लाया? खाना

किसने खिलाया। उसके प्यारे, भोले दिनों को माँ तह लगा-लगाकर तसल्ली और विस्मृति की नींद के बक्से में रखती जाती। वह कौतुकप्रिया कुछ दिनों को, उन तहाए दिनों को फिर बाहर निकाल लेती और उन पर अपनी कल्पना की चित्रकारी करती।

''कल जब मम्मी आप पिंटू को लेने हॉस्पिटल गई थीं न, तब आपने हमें हलवा बनाकर खिलाया था। नेहरू पार्क भी ले गई थीं।''

माँ हँसती, ''मिन्नू के लिए बहुत दिन पहले भी कल होता है। जबकि मिंटू डेढ़ साल का हो चुका।''

पापा जोड़ते—''दो दिनों को भी मिला दिया करती है। कुछ चीज़ें अपनी तरफ़ से गप्प करके लगा देती है। यह उम्र है ही कल्पना करने की।''

मैं तब भी बहस करती—''नहीं पापा, मैं सच कहती हूँ। कल जब मैं डीके अंकल के घर गई थी ना, तब मेरी पीली तितली गुम हो गई...उन्होंने मेरी चड्डी से पकड़ कर फ्रेम में लगा दी।''

यहाँ आकर बस मीठी लताड़ मिलती—''मिन्नू, बस अब। जाकर अपने रंगों की किताब में रंग भरो।''

''मिन्नू अजीबोगरीब ढंग से नहीं पेश आ रही ? मुझे समझ नहीं आ रहा। कभी-कभी मैं उसे पाती हूँ ...नहीं पता...जैसे कि वह...वह मुझे डरा-सा देती है। मेरे कहने का मतलब वह सोने का बहाना बना कर जग रही होती है।''

''वह अभी इस तरह...बहाने बनाए, इसके लिए भी बहुत छोटी है। वह हमेशा थोड़ी अजीब रही है। मूडी।''

''हो सकता है।''

माँ को पता नहीं चला कि मिन्नू आहिस्ता से दूसरी ही किस्म की बच्ची हो चली। वह हमेशा गुड़ियों, रहस्यपूर्ण खेलों में उलझी रहने लगी। गुड़ियों को खरीदने से पहले वह उनकी फ्रॉक उलटती, जिन गुड़ियों ने चड्डी न पहनी होती, वह खरीदती ही नहीं। अपनी पुरानी गुड़ियों के लिए वह मम्मी से ज़िद करती कि उनकी चड्डियाँ सिल दें। उसकी इस सनक पर माँ खीजतीं। वह कोनों में खेलती, पर्दों में छिप कर, छातों के घर बना कर अकेले खेलती। उसने पिंटू तक को अपने खेलों से निष्कासित कर दिया था।

◡

उसे मिन्नू से मनाली हुए अर्सा हो गया। मम्मी आज भी व्यस्त हैं। वही दफ़्तर है, मगर आज वह उसकी हेड हैं। डीके भी अब उनके दफ़्तर का हेड-क्लर्क है। उस छोटे शहर में वह लोकप्रिय व्यक्ति है, क्योंकि मिलनसारी उसकी आदत है, अपने आप में वह आज भी रोचक व्यक्ति है। शहर के हर व्यक्ति को वह जानता है, शहर का हर व्यक्ति भी उससे वाक़िफ़ है। वह शहर की नाम-पतों की डायरेक्ट्री है, वही शहर के इतिहास का एनसायक्लोपीडिया है। उसे विशिष्ट बनाने वाली बहुत सी चीज़ें हैं—पुराने सिक्कों, डाक टिकटों का अनूठा संग्रह, यहाँ-वहाँ से पकड़ी तमाम किस्मों की रंगबिरंगी तितलियों के फ्रेम। मानसरोवर यात्रा समेत अनेक रोमांचक यात्राओं के रोचक अनुभव, फ़ोटो-एलबम, जिनमें सिने स्टारों और नेताओं के साथ उसकी फ़ोटो हैं और बातों का धनी तो डीके है ही। वह आज भी शहर में इसी नाम से जाना जाता है। हर प्रतिष्ठित घर में उसकी आवजाही है। हर दु:ख-ज़रूरत में आगे। अब उसकी पत्नी भी है, स्कूल जाते बच्चे भी। पत्नी भी खूब घुलने-मिलने वाली खुशमिज़ाज महिला है।

तीन साल की थी मनाली जब बस से पापा की उँगली पकड़ कर उतरी थी इस शहर में। तब वह मिन्नू थी, मम्मी की गोद में नन्हा भाई पिंटू था। उस रोज़ मिन्नू किले को देख कर भौंचक्क हो गई थी, पूरे शहर को घेरता-सा। ठीक उस दिन से वह डीके को जानती है। डीके को दफ़्तर वालों ने मम्मी-पापा के स्वागत और सरकारी क्वार्टर में जम जाने में सहायता करने के लिए भेजा था। हर कौतुकप्रिय बच्चे की तरह मिन्नू को बहुत रोचक लगा था बातूनी डीके, बस वह कॉलेज से बी.ए. करके निकला ही था। लम्बा, बहुत लम्बा, साँवला और कपिलदेव की जैसी मूँछोंवाला। उसका सामने और ऊपर वाला एक दाँत कोने से दरका हुआ था और एक नकली था, जिसे वह जीभ से बाहर निकाल कर मिन्नू के सामने कौतुक करता। वह मम्मी के दफ़्तर में अस्थाई क्लर्क था। मिन्नू उसे भाई साहब या चाचाजी नहीं कहती थी। डीके अंकल कहती।

डीके अंकल के दफ़्तर और दूर किले के ऊपर बसे मोहल्ले में उनके घर के बीच का पड़ाव ही मिन्नू का घर था। जहाँ डीके हर दूसरे दिन चाय पीने, फ़ाइलों पर दस्तखत करवाने और मिन्नू से खेलने रुकता था। दूसरे दफ़्तरवालों की देखा-देखी डीके ने भी मम्मी-पापा और मिन्नू-पिंटू को घर पर खाने के लिए बुलाया था। वे सब सरकारी गाड़ी में पहली बार किले पर गए। मिन्नू ने

तुरन्त रिश्ता बना लिया किले से। खँडहर, बड़े-बड़े पोल, पोल यानी प्रवेश द्वार न कि खंभे। हर वस्तु की विशालता, किस्से-कहानियाँ और नीलगायें। डीके अंकल का भूलभुलैया जैसा घर और तोता, जो बोलता था। इतनी रोचक थी वह किले की यात्रा कि मिन्नू फिर उस यात्रा के लिए लालायित थी। एक दिन मम्मी के साथ-साथ ही डीके अंकल साइकिल पर फ़ाइल लेकर आ गए। मिन्नू दौड़ कर आई और गोद में चढ़ गई।

"अंकल, तोता राम कैसा है?"

"तुझे याद करता है, पूछता है कि वह बिल्ली कहाँ है? अब तो घर के पिछवाड़े में खूब अमरूद भी उगे हैं। गोमुख का तालाब लबालब पानी से भरा है। चने खाने वाली मछलियाँ याद हैं?" डीके ने मम्मी को तटस्थ देख कर आहिस्ता से दुबली-पतली टाँगों वाली मिन्नू को सोफ़े पर उतार दिया।

"मम्मी हम कब जाएँगे किले? देखो न डीके अंकल क्या कह रहे हैं।"

"मिन्नू काम करने दो। जाएँगे किसी संडे को।" मम्मी चश्मा सँभाले पेन चलाती रहीं फ़ाइलों पर। वह डीके की गोद में मचलती रही।

"कल संडे है। कल चलें?" मम्मी ने जवाब नहीं दिया, लेकिन डीके अंकल ने उसे चुप रहने का इशारा किया कि मैं कुछ करता हूँ। फ़ाइलें पूरी हुईं और चाय आ गई।

"मैडम, मिन्नू का इतना मन है, पिंकी और तोते से मिलने का। मम्मी भी पूछ रही थीं तो मैं ले जाऊँ? कल शाम तक वापस छोड़ दूँगा।"

"साइकिल पर?"

"हाँ।"

"इतनी दूर?"

"मम्मी जाने दो न। हमको पिंकी से मिलना है। हमको अमरूद खाने हैं। गोमुख की मछलियाँ देखनी हैं।"

"पापा से पूछना होगा।"

"पापा देर से आएँगे मम्मी, तब तक डीके अंकल चले जाएँगे।"

मिन्नू ज़मीन पर बैठ कर मचलने लगी, डीके ने फिर उसे गोद में ले लिया। मिन्नू ने डीके के गले में बाँह डाल दी। मम्मी असमंजस में।

"अब तुमको स्कूल में डालना पड़ेगा, तुम बहुत ज़िद्दी हो गई हो मिन्नू।"

"तुम हमको कहीं नहीं ले जातीं, मेरे साथ कोई नहीं खेलता। पिंटू को

प्यार करती हो आप, मुझे नहीं। घर का सारा दूध पिंटू पीता है, मुझे तुम दूध नहीं देतीं।''

''पक्की बिल्ली है तू मिन्नू। अब मैं तुझे बिल्ली ही कहूँगा।''

''और पिंटू को ?''

''चूहा।''

''मैडम, फिर ले जाऊँ इसे ?''

मम्मी का जवाब याद नहीं मिन्नू को पर वह रोमांचक यात्रा याद है। वह पीछे बैठी है साइकिल के स्टैंड पर, पैरों में नन्हे लाल जूते लटके हैं। शहर की टिमटिम रोशनियाँ ख़त्म होती हैं, पाडन पोल के बाद। घुप्प अँधेरा। डीके सधाव से साइकिल चलाता जा रहा है, बातें कर रहा है।

~

''बिल्ली, तुझे खाने में क्या पसन्द है ?''

''मुझे रोटी बिलकुल नहीं पसन्द।''

''तुझे पता है यहाँ शेर भी मिलते हैं ?''

''डर लग रहा है अंकल।''

''डरने की बात नहीं, मैं तो रोज़ आता-जाता हूँ।''

''आपको शेर मिला ?''

''एक बार सामने से गुज़रा। लोमड़ियाँ तो तुझे भी दिख जाएँगी आगे।''

सच में लक्ष्मण पोल—हनुमान पोल के मोड़ पर बच्चों के साथ जाती लोमड़ी दिखी। एक विशाल पेड़ से उतर कर दूसरे पेड़ पर भाग कर चढ़ता बिज्जू देख कर मिन्नू चीख पड़ी तो डीके ने साइकिल पर आगे बिठा लिया उसे। पैडल मारते में डीके की छाती का उसके सिर पर दबाव उसे आश्वस्त करता रहा। किले पर बसा मोहल्ला छोटा ही था। डीके का घर यानी आज भी रौनकें ही रौनकें, सात भाई-बहन हर उम्र के, तोता, एक अल्सेशियन कुत्ता शेरू, डीके की मम्मी यानी नानी जी, डीके के पापा मतलब नाना जी। डीके के इकट्ठे किए सिक्के, एलबम। बड़ा अहाता, घर के पीछे किले के टूटे खँडहर, चमगादड़ें। रात को बाघ की दहाड़।

उस रात पहुँचते-पहुँचते रात के आठ बज गए थे। वहाँ सबने उसे घेर लिया, मीठी बातें कीं। सबके साथ उसने खाना खाया। शहर से किले पर आने

में की सात कि.मी. की चढ़ाई वाली यात्रा, तोते-पिंकी से खेल कर थक गई मिन्नू। पिंकी से लड़ाई की वजह से और उँगली में तोते के काट लेने से रुआँसी हो गई थी। उसे मम्मी की याद आने लगी। डीके के सारे छोटे भाई-बहनों ने उसे मनाने की कोशिश की। रंगीन पेंसिलें दीं, मगर वह मुँह उतारे बैठी रही। अपने पिता के कमरे में समय बिता कर डीके नहाया, रसोई में खाना खाकर ही उसके पास आया। पूछा मिन्नू ने खाना खाया? मिन्नू घर से लाया अपना छोटा-सा बैग चिपकाए बैठी थी। मिन्नू को बहनों के कमरे में रुआँसा देख कर पूछा कि क्या हुआ तो वह रो पड़ी, ''मम्मी पास जाना है।''

''कल जाएँगे ना। अभी रात में शेर मिल जाएँगे रास्ते में। तूने आवाज़ नहीं सुनी यहाँ दहाड़ की? हाँ, पर तू डरी नहीं ना? तू तो बिल्ली मौसी है शेर की। चल तुझे कहानी सुनाऊँ।'' बहनों को पढ़ता देख वह वहाँ से मिन्नू को ले गया। उसका कमरा छत पर था। जैसा कि उस ज़माने में घर के बड़े लड़कों के कमरे छत पर होते थे।

''दिखाओ, तुम्हारे बैग में क्या है?''

उसके बैग में एक फ्रॉक थी, एक नन्हा टूथब्रश, एक मुचड़ा हुआ चमकीला रिबन, एक ढीले सिर और सुनहरे बालों वाली गुड़िया।

''तुम गुड़िया छोड़ो, मैं तुम्हें जादुई चीज़ें दिखाऊँ।''

वह उसे गोद में उठाकर कमरे से लगी बैठक में ले गया, जहाँ चार बड़े-बड़े फ्रेमों में कई रंगों, आकारों-प्रकारों की मरी तितलियाँ क़ैद थीं। साथ ही वह मरी तितलियों के एलबम दिखाने लगा। वह नाख़ुश थी उन्हें देखकर, उसने रुआँसी वाली अपनी अदा में निचला होंठ बाहर निकाल दिया।

''अंकल, इनको उड़ा दो। इनको उड़ा दो बाहर।''

''ये बन्द हो गईं, अब नहीं उड़ेंगी कभी।'' वह बोला तो उसकी आँखों में आँसू भर गए।

यह देख कर वह टिकट, एलबम और अलग-अलग बटुओं में रखे ताँबे के सिक्कों को निकाल लाया। थकी हुई रुआँसी मिन्नू कुछ देर उनसे खेलती हुई सो गई। वह कुछ पढ़ता रहा, फिर लाईट बन्द। लाईट बन्द हुई तो पलकें भी मुँदी। पर रात जगती रही चेतन-अवचेतन और स्वप्न के बीच वह पीली तितली कुनमुनाई और गायब हो गई चेतना से।

अगले दिन दोपहर होने तक वह घर आ गई। रविवार की दोपहर मम्मी

खुद खाना बना रही थीं। पिंटू सो रहा था। पापा दूरदर्शन देखने में व्यस्त थे।

"तू कब आई मिन्नू। डीके ऊपर नहीं आया? क्या-क्या किया मिन्नू ने डीके के घर? अमरूद खाए? तोते राम से खेली?"

"गंदा तोता, उसने काटा मेरी उँगली को। अमरूद खाए पर कच्चे थे मम्मी, बहुत कच्चे। तोते ने भी नहीं छुए।"

"मछलियाँ?"

"नहीं देखीं, हमको घर आना था। आपकी बहुत याद आई। मम्मी डीके अंकल गंदा है, तितलियाँ बन्द करता है फ़ोटो में। इसीलिए उसने मेरी पीली तितली वाली चड्...।" मिन्नू ने भोली शहदीली आँखें गीली करके, होंठ बाहर निकाल कर रुआँसू होकर कहा। मम्मी ने खीर का कटोरा पकड़ा कर कहा, "जा बैठ कर खा ले।"

अगला दिन कुहासे से घिरा-सा था मिन्नू के लिए। अपने आस-पास के लोगों में से उसकी दिलचस्पी जाती रही। उस दिन पापा लौटे तो वह दौड़ कर पापा के पैरों से नहीं लिपटी। इसी साल स्कूल जाना शुरू हुआ तो बस्ते-कॉपियों और स्कूल के दोस्तों ने दिनचर्या को भर डाला।

अब मनाली की शादी होने को है। साथी है खूबसूरत, रस्ता नया-नया की तर्ज़ पर रोज़ फ़ोन पर प्रेम। कोर्टशिप के दिन सुन्दर बीत रहे हैं। न मिन्नू मिनी है, न डीके काबुलीवाला। वह अब भी उसे बिल्ली कहता है, पिंटू को चूहा। जो न पिंटू को पसन्द है, न मनाली को। दोनों उसके इस परिहास पर मुँह बनाते हैं। पिंटू और मनाली का रिश्ता ऐसा है कि वे बिनकहे एक-दूसरे की भावना समझते हैं। तराऊपर के भाई-बहनों की तरह।

डीके बरसों से हासिल विश्वास के तहत एक तरह से परिवार का निकट मित्र हो चुका है। लम्बा कद, साँवला चेहरा, तीखी नाक, हमेशा औपचारिक लिबास, तरतीब से सँवारे बाल। सौम्य आवाज़ और हमेशा मित्रवत। सहायता को हरदम तत्पर। शहर ने उसे अपना अघोषित सांस्कृतिक प्रतिनिधि-सा बना दिया था। हर संभ्रांत घर में उसकी सहज उपस्थिति। शहर के हर कार्यक्रम में वह मौजूद।

आज मनाली की शादी वाली पोशाक सिल कर आयी है। वह चाव से भर

कर उसे पहन कर देख रही है, आईने के सामने घूम-घूम कर। पुराना आईना हतप्रभ है। यही आईना गवाह है, मनाली की हर उम्र का। स्कूल के फ़ंक्शनों में पहने लहँगे और आज के इस लहँगे में फ़र्क है एक वक्त का। उसे आने वाली इक्कीस तारीख को सबसे सुन्दर दिखना है। वह अपना मराल शरीर मोड़-मोड़ कर कुर्ती और काँचली की फ़िटिंग देख रही है। चलकर, घूमकर। सिर पर ओढ़नी रखकर, लजाकर देख रही है, तरह-तरह से। बाँकी चितवन की भी तीन चार विविध अदाओं में से एक चुन रही है। चुम्बन के लिए वह होंठ आईने की तरफ़ बढ़ा रही है कि...उसकी निजता के तरल में कोई प्रविष्ट हुआ है। किसी ने उसे पीछे से कन्धों से थाम लिया है। डीके अंकल!!! वह तमतमा गई। वह उसके सीने पर कोहनी गड़ा कर सीधी हो गई।

''प्रिंसेस लग रही है मेरी बिल्ली। सही समय पर आया मैं।'' डीके के चेहरे पर वही गंदा भाव पुता था, जो बसों में उन आदमियों के चेहरों पर पुता रहता है जो लड़कियों को जानबूझकर छूते चलते हैं और मुड़कर देखो तो अजब सौजन्यता और उदासीनता का भाव ओढ़ लेते हैं। लेकिन वासना उस सौजन्यता के पीछे से बुरी तरह उघड़ती चली जाती है।

''नहीं! यह ग़लत समय है, आपके बिना दरवाज़ा खटखटाए मेरे कमरे में आने का। समय वह भी ग़लत था डीके अंकल आपके अपने कमरे में, मुझे ले जाने का। यह बताइये बीस साल पहले मैं उस छत पर सुबह पाँच बजे वॉश बेसिन के नीचे अपनी फ्रॉक उठाए क्या कर रही थी ?'' मिन्नू पहले फुसफुसाई फिर चीखते हुए हकलाने लगी।

''पागल हुई है, कैसे सवाल कर रही है? तुझे सदमा तो नहीं लग गया मैडम-माट्साब से अलग होने का? क्या बेकार की बातें याद ...'' वह पुचकारने लगा।

''अंकल, बहुत गलत समय पर मुझे यह सब याद आ...पता नहीं आज मुझे क्यों याद आया, पर अंकल आप अभी निकलो यहाँ से...''

''क्या बात है मिन्नू?''

''हाँ डीके अंकल? आप इस वक्त यहाँ कैसे? आपको आते हुए मैंने देखा क्यों नहीं? शाम को आइए, पापा शाम को आते हैं।'' पिंटू पाइप समेटता हुआ भीतर आ गया।

डीके केंचुए की तरह रेंग कर उसी तरह निकल गया, जैसे उस रोज़ नीचे

से ही उसे सीढ़ियों में ही छोड़ कर निकल भागा था। मनाली अपने बिस्तर पर लहँगा पहने हुए ही औंधी ढह गई। उसकी स्मृति का सुप्त लावा धुआँ दे रहा था, अथाह, निर्बाध यंत्रणा की नदी-सी उमड़ पड़ी है, जो पैरों के बीचोंबीच यथार्थ बिन्दु की ओर प्रवाहित है। वह गहरी उतर गई है अपनी सोच में—''बरस बीत गए पर अब भी कभी उलझन महसूस करती हूँ, सत्य, कल्पना और गड्डमड्ड भ्रम को अलगाने में। उस रात मैंने गर्म हाथ अपने शरीर पर महसूस किए थे, या कि वो ठंडे थे ? या मेरा शरीर ही ठंडा पड़ा था ? उसके बाद मुझे क्यूँ धुँधला जाता है सब ? क्या मेरी यादों के साथ किसी ने छेड़छाड़ की ? किसने इन्हें बदल डाला, मिटाया रबड़ से ? मैं अधसोई थी, मुझे पता है हाथ तो, मगर वह...स्पर्श क्या था ? वह हाथ नहीं था, वह अजीब-सा स्पर्श कपड़े का भी नहीं था। गुनगुना, गिलगिला मगर सख़्त! और मेरी चड्डी ? जिस पर पीली एक तितली कढ़ी थी। वह कहाँ है ?''

आखिरकार उस स्पर्श की खोई कड़ी उसे बहुत बाद में मिली, विडम्बना यह कि ज़िन्दगी के सबसे सुन्दर दिनों में मिली। विवाह से पहले के सपनीले दिन। विवाह भी उससे जिससे मिलते ही मनाली ने अपने अल्हड़ कैशोर्य के बालों में टँकी सारी पत्तियाँ सौंप दी थीं। 'सजल' नाम था उसका। उन दोनों की पढ़ाई अब पूरी हो चुकी थी। वह दूसरे शहर के एक अस्पताल में अपनी इंटर्नशिप कर रहा था कि उनकी सगाई कर दी गई। सजल के जाने से पहले वे मिले उसके घर, उसके अपने कमरे में।

''सुनो मनाली, कोर्टशिप के दिन दुबारा लौट कर नहीं आते।''

''तो बेहतर दिन आते होंगे। हर पल एक साथ रहने के।''

''नहीं, इन दिनों की बात ही अलग है, बाग से चोरी किए अमरूदों जैसी।'' कह कर वह अपनी कौतुकप्रिया को चूमता हुआ, अपने कमरे के गुनगुने कोने में ले गया, एक-दूसरे के आलिंगन में उलझे वे लकड़ी के फर्श पर बिछे नीले मखमली कालीन पर ढह गए। कपड़ों के नीचे छिपी आदिम दुनिया को टटोलते हुए। होंठों और स्पंदित सीनों की जानी-पहचानी दुनिया से और थोड़ा आगे एक-दूसरे की निजता को जानने को आतुर। तलाश सुख ही की थी, मगर गड्डमड्ड पोटलियों में जो मनाली के हाथ लगा वह कैमिस्ट्री लैब में कैरोसीन में रखे सोडियम के टुकड़े जैसा था, हथेली जलाता हुआ कुछ।

वह बाथरूम में जाकर काँपती रही थी। उसकी गड्डमड्ड कल्पनाओं, सत्य

और भरम से निकली वही पुरानी कड़ी!! वह अवचेतन में घुसती चली जा रही थी, सजल की उपस्थिति में ही उसकी चेतना पूछ रही थी अवचेतन से— ''यह स्पर्श...। बचपन की किसी बाँबी से निकल कर चला आया। बिना ज़हर वाले, ढेले मार कर, अधमरा कर दिए साँप-सा, हल्का स्पंदित और गिलगिला...पहले भी छुआ है इसे मेरी त्वचा ने। इसी अधमरे साँप को...हिलते-हिलते, मैंने अपनी जाँघों में सरकते महसूसा है। लगातार लसलसी लार उगलता साँप। उस रोज़ जो किले वाले घर में डीके ने मेरी जाँघों पर छुलाया था...वह डीके का...मैं नहीं जानती थी, न तब कुछ भी। पर मुझे अब तक भी भनक न थी...उन गर्म, आवारा स्पर्शों का ख़ुलासा मुझ पर अब तक क्यों न हुआ था।

मनाली को लगा कि एक रूमानी किस्म की लड़की से वह किस किस्म की छुईमुई में तब्दील हो गई? देह की सारी स्पंदित सलवटें, लहरों में डूबे सारे कोण, सरसराती भंगिमाएँ, यानी समूची वह खुद बेमायने हुई जा रही है। जिसे सजल ने सोचा होगा कि उसका संकोच है। यह चोरी के अमरूदों का स्पर्श उसे बुरी तरह हताश क्यों कर गया?

''तुम इतनी नर्वस (घबरा) क्यूँ? शुरू में तो इतनी रूमानी हो रही थीं।''

''सजल, मैं डर गई।''

''मुझसे डर गईं? मैं तो कुछ भी ज़बरन नहीं...।''

''नहीं वह बात नहीं है, मुझे अजीब लगा वह स्पर्श। प्लीज़ मत पूछो न।''

''ठीक है, जब मन हो तब बता देना।'' वह तसल्लीबख़्श ढंग से मुस्कुराया, फिर वे दोनों खरीदारी के लिए निकल गए।

~

सजल के लौट जाने के बाद वह उस रात सोई ही नहीं, उसे महसूस होने लगा कि जैसे उन पलों को उसने अवचेतन में बार-बार जिया था। बीते बीस सालों की मार से बेअसर रेंगता हुआ वह स्पर्श कहाँ-कहाँ खोह बना चुका था उसके अस्तित्व में? जागते हुए चीथती रही उस रात को, उसकी पसलियों में कैद भयभीत पाखी-सा उसका मन चीखता रहा—''नहीं मिन्नू, मत कुरेदो अन्तस।'' आखिरकार वह रात बेपर्दा हो ही गई।

''उस रात उसने लाड़ से लिपटा कर सुलाया था। सब कुछ ठीक तो था।

बीच रात तक उसके हाथ मेरे छोटे से धड़ को लपेटे थे। पता नहीं मुझे बुरा लग रहा था या ठीक या अच्छा! पता नहीं। बिलकुल नहीं पता कि यह अच्छी चीज़ है कि बुरी। उसकी तेज़ साँसें मुझे ज़रूर बुरी लग रही थीं। फिर स्मृति साथ छोड़ देती है, कल्पना हाथ थाम लेती है। अपने मन से दृश्य लगाने लगती है, छूटी हुई कड़ियों के। फिर खीज कर मैं हार मान लेती हूँ। नहीं ऐसा नहीं था डीके...महज़ कल्पना है। मेरा अवचेतन कुछ का कुछ बुनता है। क्योंकि फिर और कभी तो उसने, कभी नहीं...वह दिखता भी नहीं ऐसा। बाद के सालों में भी कभी कुछ ऐसा नहीं...मगर उस रोज़ आईने के आगे? ग़..ल..त... फ़..ह..मी?''

उसे याद आ रहा है, उस रात कच्ची नींद में वह अचेतन से चेतना के बीच फैले मौन को भाँपती रही थी, तब तक कि जब तक डीके ने अपनी बाँह उसके निचले पेट पर लपेट दी थी। छाती पर रखा कोई तकिया-सा धकेला था उसने। बुरे सपने आ रहे थे सीने पर रखे भार से। फिर लगा कि एक भूत खींच रहा है हाथ और उसका हाथ किसी गड्ढे में डाल रहा है। तकिए में बाल क्यों थे? यह कैसे स्पर्शों का ज़लज़ला था! अपनी दुबली-पतली चिड़िया जैसी देह को किसी गिरफ़्त में पाकर वह फड़फड़ाई, फिर गहरी नींद किसी कीड़े ने काटा होंठ? उसकी नींद में पल भर को होश दाखिल हुआ तो वह उठ बैठी थी। डीके ने थपथपाया—सो जा-सो जा, डर गई? सो जा। वह चादर ओढ़े था सफ़ेद। वह पलट कर डीके से दूर खिसक कर चादर पैर से हटाकर फिर सो गई। गहरी नींद के मुहाने पर पहुँची तब घात लगाकर साँस गिलगिला रेंगा। जाँघ से सटकर... गीली लकीर छोड़ता जाने क्या हुआ वहीं मर गया। उसकी लाश उठाकर भीतर कहीं सरका दी किसी ने। चड्ढी गीली जब महसूस हुई तो अमरूद पर चिड़ियाँ बोल रही थीं। सुबह तक बतियाते रह गए कुछ सितारे आकाश में टिमटिम कर रहे थे। डीके उसे साफ़ कर रहा था।

"तुमने बिस्तर गीला किया।" मिन्नू बेहद शर्मिंदा।

वह दिन उसके अन्तस में उलझनों, हानियों और खीज के रबरबैंड लगे बंडल की तरह किसी दराज में पड़ा रहा है। उसे तो याद नहीं पर शायद लौटते में उड़ती एक आवारा मधुमक्खी ने भी काट लिया था, सो दो दिन होंठ पर सूजन रही थी, बुखार भी था।

दोपहर, घर के बाहर साइकिल पर बैठे-बैठे अपना पैर चबूतरे पर जमाए हुए, उसे काँख से पकड़ कर लाल बिल्डिंग की दूसरी सीढ़ी पर उतारते हुए, मिन्नू के होंठों की सूजन को देख डीके ने यही कहा था, ''तुम्हारे होंठ सूज गए नन्हे बच्चे। मम्मी को बताना मधुमक्खी ने काटा है। पर बिस्तर गीला करने की बात मत बताना। जल्दी से जाकर दूसरी चड्डी पहन लेना।''

''पर मेरी तितली वाली चड्डी गई कहाँ डीके अंकल!'' न जाने क्यों उसे यकीन हो गया कि उस पर बनी उड़ती तितली को उसने मार कर फ्रेम में लगा दिया है।

''तुमने गीली की, हमने फेंक दी।''

''पर मैंने गीली नहीं की थी?'' सीढ़ी पर खड़े-खड़े रुआँसी मिन्नू ने सोचा था कि वह तो सोने से पहले 'पी' करने गई थी। वह साथ चला था, छत की खुली नाली पर...वह ठीक सामने खड़ा था। पापा की तरह पलट कर नहीं।

''चल ऊपर जा।'' हमेशा लाड़ से बोलने वाले डीके की आवाज़ में पीछा छुड़ाऊ तिरस्कार मिन्नू ने महसूस कर लिया।

''आप ऊपर तक चलो न अंकल।'' वह कहती तब तक वह साइकिल सरका कर गली में मुड़ गया। दीवारों से सटकर, साँस-साँस के साथ सरकते हुए उसने सीढ़ियाँ पार कीं। दरवाज़े से ही पता चल गया—घर में टीवी दहाड़ रहा था। उसमें हिम्मत आई और वह घर में दाख़िल हो गई। भाग कर अपने और पिंटू की अलमारी से दूसरी चड्डी निकाली, ज़मीन पर बैठ कर पहन ली। तब माँ के पास गई रसोई में, इलायची डली खीर की महक फैली थी वहाँ। उसका मन बहल गया।

माँ ऑफ़िस से आ गई हैं। चाय बहुत कम पीने वाली मनाली ने पहली बार दो कप चाय बनाकर टेबल पर रख ली है। एक वयस्क भूमिका में आकर मनाली ने उनको संबोधित किया—''मम्मी, आपसे बहुत ज़रूरी बात करनी है।''

वे चौंकी हैं, क्योंकि बीस दिन बाद शादी है। लड़की कोई विस्फ़ोट तो नहीं करने जा रही? मूडी तो है ही बचपन की।

''बोलो!''

''मुझे लगता है डीके ने मेरे साथ बचपन में कुछ किया था।''

''क्या ? कब की बात कर रही हो ? मनाली ?''

''मेरी यादें धुँधली ज़रूर हैं पर यह सच है। जब हम लाल बिल्डिंग में रहते थे। नये-नये आये थे यहाँ। वह मुझे साइकिल पर बिठाकर अपने किले वाले घर ले गया था।''

''बच्ची थीं तब तुम तो।''

''वही तो कह रही हूँ बच्ची थी। बड़ी होती तो ऐसा कर सकता था वो ?''

वे हल्का-सा घबरा कर पूछ बैठीं, ''रेप...जैसा कुछ ?''

''उंहू...पर कुछ गन्दे इरादे वाली गंदी हरकतें थीं मम्मी। जो बलात्कार नहीं होती हैं पर होती उससे भी घातक हैं।''

उसे उम्मीद थी कि उनका चेहरा पीला पड़ेगा, वे हताश होकर सिर पकड़ लेंगी और आइंदा उसे घर न आने देने की हिदायत देंगी। उसकी बीवी को फ़ोन लगाएँगी, दस बातें सुनाएँगी। चाय का प्याला वापस रख वे धम्म से सोफ़े पर बैठ गईं।

''ये मर्द, सुधर सकते नहीं हैं।'' कह कर वे साथ लाए थैले से तरकारियाँ निकालने लगीं। ''लो पालक को फ्रिज में रख दो, खराब...।''

''तुमको पालक की पड़ी है ?''

''मिन्नू, तुम यह बात अब क्यों निकाल रही हो ? सालों पुरानी बेहूदा बात! तब तुमने कभी नहीं कहा ?''

''कहा था मम्मी।'' बचपन के मिन्नूपन की तरह होंठ बाहर कर के वह रुआँसी हो जाना चाहती है और बहुत कुछ कहना चाहती है। पर माँ का फीका पड़ता चेहरा देखकर बस इतना कहा।

''तब कहा था पर आपने ग़ौर नहीं किया। उसके बाद मुझे याद ही आज आया। आज जब आप नहीं थीं, डीके आया था।''

मम्मी अब सफ़ेद पड़ गईं। ''क्या ? फिर ?'' उनकी फैली आँखें उसे राहत दे गईं।

''नहीं मम्मी, आज ऐसा कुछ नहीं किया। मम्मी, मैं सिल कर आया लहँगा पहन कर देख रही थी। पिंटू बाहर पौधों को पानी दे रहा था। बिना मुझसे कुछ बोले भीतर मेरे कमरे में आ गया। शीशे के सामने आकर उसने कन्धे पकड़े तो जाने क्यों मुझे बीस साल पहले का यह वाक़या याद आ गया कि बचपन

में...मैंने उसे डाँटा, धक्का दिया। पिंटू ने भी आकर भगा दिया।''

''मनाली!'' वे मेरे निकट आ गईं और मुझे अपनी बाँहों में भर लिया। हम कुछ देर ऐसे ही चुपचाप बैठे रहे। मैंने अपना रोना रोकने की भरसक कोशिश की।

''तुमने जो किया ठीक किया। कहो तो पापा से बात करूँ क्या? इसकी पत्नी से?''

''नहीं मम्मी, अब बहुत देर हो गई है। मैंने कह दिया जो कहना था। हो सकता है वह शादी में न आए।''

''ना आए हमारी बला से।'' कह कर मम्मी धीरे-धीरे चाय का सिप लेती हुई किसी सोच में खो गईं।

लेकिन ऐसा कुछ नहीं हुआ। मनाली की शादी में वह सपरिवार मौजूद था। डीके जैसे लोग सामाजिकता का लबादा कस कर ओढ़ते हैं। आप ही की शादी के एलबमों में अपनी सौम्य मुस्कुराहटों के साथ मौजूद रहते हैं। आप ही की शादी में लहँगा पहन कर उसे घुटनों तक चढ़ाए खेलती छोटी लड़कियों को गोदी में उठाकर गाल आगे कर देते हैं—अंकल को किस्सी!!

क्या कोई ये समझ सकेगा कि सोते समय लापता हुई पीली तितली ने मिन्नू का अस्तित्व स्थगित कर दिया था। अब भी मनाली खुद से पूछती रह जाती है।

''मैं अपने अवचेतन मन के पूछे जाने वाले इन सवालों का क्या करूँ? क्या मेरी पीली तितली वाली पैंटी अब भी उसके पास है?''

''हाँ मेरे पास अब भी है, मेरी कामनाओं के फ्रेम में बन्द तितली की तरह।'' ऐसा कहते हुए उसकी कल्पना में डीके वही लुकी-छुपी अर्धकामुक-अर्धसौजन्य के मुखौटे वाली मुस्कान मुस्काता है।

ब्लैक होल्स

आखिरकार मैं पिता हूँ। मेरी हथेलियों को ग्लानि नम कर गई है, जिसे मैं बार-बार पोंछ रहा हूँ, अपनी पतलून से। वह लाल पोल्का डॉट्स वाली स्कर्ट में जो खड़ी है, अपने कॉलेज के गेट पर मुड़ कर मुझे देखती हुई, मेरी बेटी है। आज पहली बार मैं आहत हूँ अपने आप से, वह मुझसे होगी ही और उससे जो आहत होकर...जाने दें घबराहट होती है सोच कर।

मैं आपको बताता हूँ अपनी ग्लानि की सारी वजह। बुरा न मानें तो शुरू से बताऊँ, थोड़ा विस्तार हो जाए तो...। मेरी बेटी का जब जन्म हुआ था, मिलिट्री हॉस्पिटल की सारी नर्सें मेरी बीवी के वॉर्ड में इकट्ठी हो गई थीं। मैं उसे देखने के लिए सच में कतार में खड़ा था। उन सबके चेहरे पर एक ही इबारत थी, ''इतना खूबसूरत बच्चा!'' अपनी बारी आने पर मैं उस नन्हे बंडल को अपनी हथेलियों में थाम कर रो पड़ा था। उसने तुरन्त ही मेरी उँगली पकड़ कर पलकें खोली थीं, नन्हे चेरी जैसे लाल होंठ कँपकँपाए थे। मैं उसी दिन समझा, कितना अलग होता है पापा होना। उसने अपने सुन्दर चेहरे से ही नहीं अपनी बुद्धिमत्ता से भी मुझे हमेशा गौरवान्वित किया। हम सबने मिलकर उसे मूल्य, संवेदनाएँ उपहार में दिए। सबसे स्नेह करने की सीख दी, सौजन्यता उसके हर अन्दाज़ में भर दी। सिखाया एक छोटे कैटरपिलर तक से प्रेम करना! वह सब थमा दिया जो आदर्शों पर खरा उतरता। हम दोनों पढ़ने के शौकीन, उसकी उम्र के हिसाब से तरह-तरह की किताबों से हम दोनों ने उसकी अलमारियाँ भर दीं, किताबों के प्रेम में वह अपनी उम्र से भी गम्भीर चीज़ें पढ़ने लगी। किसी भी विषय पर जब वह बोलती, लोग हतप्रभ रह जाते।

सब कुछ ठीक ही तो चल रहा था। वह दसवीं क्लास में थी कि उसे हर

किशोरी की तरह लड़कों में रुचि जगी। एक-दो लड़कों से सहज दोस्ती हुई। एक से वह कब और निकट हुई हमें पता ही नहीं चला, क्योंकि उसके अन्दाज़ में कोई बदलाव नहीं आया, सिवाय इसके कि वह स्पोर्ट्स मैगज़ीन पढ़ने में रुचि लेने लगी। मुझे याद है उसके जीवन का पहला थप्पड़ मेरे ही हाथों उसके चंपई, कोमल गालों पर पड़ा।

एक शाम किसी मीटिंग से लौटते हुए मैंने शाम के झुटपुटे में जब उसे एक मलिन कपड़ों वाले, लम्बे मगर दुबले, साधारण से लड़के के साथ उसकी साइकिल हाथ में लिए ट्यूशन से पैदल घर लौटते देखा। बीच-बीच में इधर-उधर ताक कर दोनों हाथ थाम लेते। ढलती साँझ में उसके गालों पर गुलाब खिलते हुए मैंने देखे थे। लड़का मुझे सामने से आकर गाड़ी रोकते देख सहम गया। सहमी वह भी, पर छुपा गई। नमस्ते कर वह लड़का उलटा मुड़ गया अपनी साइकिल लेकर, वह मेरे साथ गाड़ी में बैठ गई। मेरी चुप्पी की गम्भीरता उसे पता है। घर आकर पूछा गया कि कौन था वह लड़का ?

''क्लासमेट!''

''कपड़ों से वह अफ़सर का बेटा तो नहीं लग रहा था।''

''है भी नहीं। उसके पापा लश्कर हैं।''

थप्पड़ ज़ोर का था, उँगलियाँ छप गईं और उसे बुखार आ गया। मैं रात भर उसे गोद में लिए रहा, मेरी पत्नी समझाती रही कि समाज में कई वर्ग होते हैं, हर वर्ग का अलग-अलग जीवन होता है।

''जब हम कोई ड्रेस खरीदते हैं, जूते तक बेमेल नहीं पहनते।''

''मम्मी, ज़िन्दगी ड्रेस नहीं होती, इंसान जूते नहीं होते।''

''व्यवहारिकता कुछ होती है, यह तो मानोगी!''

''वह पढ़ने में ब्रिलिएंट है, फुटबॉल टीम का कैप्टन है। वह आगे कुछ अच्छा ज़रूर कर लेगा।''

''जो भी हो, तुम उससे एक दूरी बरतोगी।''

वह कातर असमंजस से अपनी माँ को देखकर निढाल हो गई। बुखार उतरा, स्कूल शुरू हुआ, उसने उस लड़के से दूरी बना ली। पता नहीं कब उसने एक सुन्दर आवरण ओढ़ लिया। हँसता-मुस्काता और होंठों पर सेंसर लगा लिया। वही बोलती जो हम सुनना चाहते। रहस्यों की कितनी गाँठें उसने मन के रेशम में बाँध लीं। किताबें कुछ कहतीं, हम अलग-अलग अवसरों पर पोज़ ले-लेकर

अलग-अलग बातें करते। वह एक निगाह असमंजस की हम पर डालती और मन के रेशम में एक गाँठ लगा लेती। ऐसा लगता था वह एक बेटी के तौर पर प्रकाश और आदर्श की दुनिया में रहती, लेकिन जब नज़र उठाती कुछ और देखती। लेकिन आधी दुनिया के प्रकाशवान होने के बरक्स आधी दुनिया कर्कश, हिंसक और बीमारियों और वर्ग भेदों से भरी दुनिया भी थी। सारे आदर्शों की बात करते बड़े लोगों की अपनी कमज़ोरियाँ और भ्रम थे। कुलीनता की रोशनी के अपने साए थे जो गिरते ज़मीन ही पर थे, विश्वासों की एड़ियों में दरारें थीं।

मैं परेशान हो रहा था कि उसकी मित्रता हमेशा व्यथित, टूटे, दरार पड़े बच्चों से क्यों होती है? लड़कियाँ भी अकसर थोड़े कमतर वर्ग की या फिर अलमस्त बिना आवरण वाली लड़कियाँ। जिन्हें लोग बिगड़ैल कह सकते हैं। देखिए, मैं आपको पहले ही बता चुका कि मैं पिता हूँ, मेरी ये चिंताएँ स्वाभाविक हैं। हो सकता है आप मुझे सामंती या वर्ग-विभेद का पैरोकार समझ लें। लेकिन मैंने दुनिया देखी है। फिर मसला किसी और सामाजिक संदर्भ का नहीं, मेरी अपनी बेटी का है।

किसी से बिना उनका वर्ग जाने उसकी दोस्ती को हर कोई सराह सकता था पर मुझे भय लगता था कि इन वंचितों की मनोवैज्ञानिक ग्रंथियाँ मेरी मासूम बच्ची को आहत न कर दें। आखिर पिता हूँ। मुझे उसका बचपन याद आता जब वह दो साल की थी, हमारे आउट हाउस में रहने वाली बांग्लादेशी आया नाजमा के बच्चों में ठुमुक चल कर घुस जाती। उनकी सूखी रोटी छीन कर खाती, उन्हें अपना सेब, खिलौने दे आती। ऐसे में नाजमा माफ़ी माँगती हुई खिलौने लौटाती तो हम उदारता को ओढ़े रहते पर भीतर इन्फेक्शन के भय को पाले वे खिलौने उसी को दे देते।

हम उसे अपनी सुरक्षाओं के घेरे में समेटते रहे, वह भीतर से फिसल कर दूर जाती रही। इस तरह कुछ बरस बीत गए, वह एक दुनिया में बसी, दो दुनियाओं से सामंजस्य करने लगी। पर ये दो दुनियाएँ भी द्विगुणित होने लगीं। वह अब कॉलेज में आ गई। महानगर की विराटता में हर रोज़ न जाने कितने करोड़ लोग घरों से निकल कर किस सुरसा के मुख में समाते हैं, फिर निकल कर घरों में बन्द। हम तीनों घर से निकलते, बिछड़ते, फिर शाम ही को मिलते।

एक शाम की बात है, मैं घर लौटा। कार पार्क की, अपने सरकारी कैंपस में बने अपार्टमेंट में और ब्रीफकेस उठाकर चलने लगा।

''अंकल।'' बेहद दुबला, औसत कद, औसत चेहरा, नज़र का मोटा चश्मा लगाए एक लड़का एक बंडल लिए खड़ा था।

''ये अनिंद्या के लैटर्स और फ़ोटोग्राफ़! उसे कहिएगा, परसों संडे को मैं अपने वाले लैटर्स वापस लेने आऊँगा।'' पकड़ा कर वह तीर-सा निकल गया। मैं हड़बड़ाहट में उसे रोक भी नहीं सका। मैं बेल बजा कर सीधे अपने कमरे में चला गया, अपने कमरे में गिटार बजाती अनिंद्या को उपेक्षित करता हुआ। रोज़ की तरह लम्बा लाड़-दुलार का उसका समय टल गया। मैं समझ नहीं पा रहा था, वह लड़का यह क्या देकर चला गया है। अनि, दो बार परदे से झाँक कर चली गई, मुझे यूनीफ़ॉर्म में, बिना जूते उतारे बिस्तर पर ढहा देखकर घबरा कर लौट गई। उसकी मम्मी अभी लौटी नहीं थी।

''पापा, चाय बना दूँ।'' तीसरी बार उससे रहा नहीं गया। चाय बनते ही उसकी मम्मी लौट आई। सबने खामोशी से चाय पी। मेरी पत्नी मेरा मूड भाँपने की कोशिश में थी। उसने अनि को जाकर पढ़ने को कहा। मैंने मरी हुई ख़ामोशी में कपड़े बदले। पत्नी को पर्दा डालने को कह कर वह बंडल खोला। जाने-पहचाने, हू-ब-हू मेरे जैसे, उसे विरासत में मिले सुघड़ मोती जैसे शब्द, तरह-तरह के रंगीन पेनों से लिखे। मैं सिहर गया। पचास से ज़्यादा पत्र। तरह-तरह के रूमानी सम्बोधन, कविताएँ। आजीवन साथ निभाने का वादा। होने वाले बच्चों के सपने। नन्ही अनिंद्या और बच्चे? अभी तो गोदी से उतर कर चलना सीखी है! नहीं, हम भूल गए थे वह अठारह की हो चुकी थी, देखने में लगती तो पंद्रह की है। बल्कि मुझे तो वह चलना सीखती बच्ची ही लगती है।

हमने देर रात तक वह बंडल उलटा-पुलटा, कुछ ख़त अजीब थे, बीमारी से लड़ने की सलाह देते। या ऐसे आशय के कि—काश, इस पल तुम्हारे पास आ जाऊँ और तुम्हारी बीमारी ले लूँ। हम साथ लड़ेंगे इस बीमारी से। हम लम्बी मैरिड लाइफ़ जिएँगे। सब ठीक होगा।

पत्र बता रहे थे, इंटरनेट पर भी वे लगातार संवादरत हैं। एक-एक पल की खबर दोनों बाँटते हैं। मुलाक़ातें कॉलेज गोल करके हो रही हैं। कुछ यहीं नाक

के नीचे कैंपस के सेंट्रल गार्डन में, कॉलेज के पास के कैफ़े में, कुछ मिलिटरी अस्पताल के वार्ड में ?

वे खत अंग्रेज़ी में थे। उनमें से एक उन सब ख़तों को समेटता-सा था— वही दिखाए देता हूँ कि लड़की किस हद तक...।

''मैं कब तुम्हारे बारे में नहीं सोचती, यह तुम शिकायत कर नहीं सकते कि मैं तुम्हारे बारे में नहीं सोचती हूँ। तुम मेरे हर पत्र को और हर मुलाकात को आखिरी पत्र या आखिरी मुलाकात क्यों समझने लगते हो। तुम मेरे प्यार को तमाम बड़े और दुनियादार लोगों की तरह दीवानगी नहीं दया मानते हो तो बुरा लगता है। तुम तो ऐसा मत कहो और समझो। मैं सच ही तुम्हारे साथ ज़िन्दगी बिताना चाहूँगी। तुम जीनियस हो।''

''तुम दर्द शब्द को अनि से बदल कर देखो न, मुझे पसलियों में अनि हो रही है। मेरी आँखें अनि से भरी हैं। मैं अनि के साथ रहना कब सीखूँगा ? हा हा हा।''

''मैंने सपनों में एक क्यूट बेबी देखा। जामुन के पेड़ के नीचे खाली डायपर पहने, झुक कर कुछ उठा रहा था। तुम पेड़ पर चढ़े थे, काले जामुनों की डाल हिलाते। हमारा बच्चा! मैंने तुमसे पूछा था ''चलो नाम सोचें।'' तुम सड़ा मुँह बना कर उठ गए थे बैंच से। क्या तुम्हें छोटे बच्चे नहीं पसन्द ?''

''रोहन''

''मेरे तकिए तुमने देखे होते तो हमेशा उन पर मस्कारा और आई लाईनर के गीले दाग होते हैं। हाँ, मैं पत्थर नहीं हूँ। मेरी कोशिश थी कि मैं तुम्हारे भीतर एक चिंगारी छोड़ दूँ, तुम उठो और जोश से भर जाओ। मेरी सारी कोशिशें, कुछ हालात, कुछ तुम बेकार कर देते हो।''

''तुम जो कर रहे हो उसमें गहरे डूब जाओ, प्रेम और प्रोग्रामिंग। तुमने मेरे लिए जो सॉफ़्टवेयर बनाया, वह बहुत काम का है। मैं कितने ग्राफ़िक्स चुटकियों में बना लेती हूँ। सुनो, जब मैं अपनी पहली एनीमेशन फ़िल्म बनाऊँगी उसका अन्त परियों की कहानियों या फ़िल्मों जैसा नहीं होगा...। दे लिव्ड हैप्पीली या दे डाईड इन ईच अदर आर्म्स।''

''नो नो! मैं उनको बच्चों को पालते, लड़ते-झगड़ते, कुकिंग करते, प्यार करते दिखाऊँगी। ज़िन्दगी यही है, रोज़मर्रा, जिसे रूटीन कहते हैं हम, रोहन, वही असल जीना है। तुम्हें न्यू ईयर बॉल में आना होगा। हमें अच्छे से तैयार होना है। थीम है—समुद्री डाकू और जलपरियाँ। कल हम शॉपिंग पर चलें, अनि ?''

''रोहन

''मैंने तुम्हारे चाहने से खुद को कई चीज़ों से दूर कर लिया। मैंने मानने की कोशिश की कि मैं तुम्हारे लिए बनी हूँ। तुम अकेले नहीं हो। तुम मुझे मजबूर करते हो कि मैं यह सोचूँ कि मैंने तुम्हारी तरफ़ बढ़ कर गलत फ़ैसला किया। मुझे बहुत बुरा लगा जब तुमने मेरे कॉलेज के दोस्तों के सामने मेरे साथ ऊँची आवाज़ में बात की। मुझे आदत नहीं है रोहन, हमारे यहाँ कोई इतना तेज़ और कड़वा नहीं बोलता।''

''मैं बहुत क्लासेज़ बंक नहीं कर सकती। मेरा सैमेस्टर खराब होते-होते बचा। पापा ने बहुत जुगाड़ करके मेरे लिए मेडिकल सर्टिफिकेट निकलवाया। मैं उन्हें बता भी नहीं सकी।''

''कई बार मुझे भी लगने लगा है कि तुम्हारा दर्द नकली है। तुम ठीक होना ही नहीं चाहते। परसों जब तुम्हारे वॉर्ड में हम काड्र्स खेल रहे थे और तुम्हारी मम्मी का अचानक आकर मुझे जाने को कहना बहुत अजीब था। तुम तो कहते थे वे खुश हैं, कि मैं खुश हूँ। अब अचानक क्या बदल गया? मुझे नहीं पता भविष्य में क्या है? पर मैंने हर हाल में तुम्हारे साथ जीना चाहा था। जीना चाहूँगी। पर शर्तें जो तुम लगा रहे हो वो मुझे तिल-तिल गला रही हैं। मैं अपने कॉलेज के रूप को नहीं छोड़ सकती। और मुझे स्कर्ट्स पहनना पसन्द ही नहीं बहुत आरामदेह लगता है। तुम मुझे थोड़ा-सा समझने की कोशिश तो करो कि मैं क्या चाहती हूँ। तुम्हें मुस्कुराता, बिना दर्द के देखने की मेरी चाह, मुझसे मेरी हँसी छीन रही है रोहन। मम्मी मेरी उदासी से घबरा कर दस सवाल करती हैं। मेरे पास कमरा बन्द कर लेने के सिवा कोई उपाय नहीं होता।''

मैं आगे नहीं पढ़ सका। कितना कुछ समानांतर गुज़रता रहा और मैं पिता होकर बेख़बर, मुझे अपनी पत्नी पर भी गुस्सा आया। मैंने सारे खत, हाथ के बने कार्ड और कोलाज समेट कर अपनी वार्डरोब में रख दिए। पानी सिर से ऊपर था, उस दिन कुक खाना बना कर रख कर चला गया। अनि को रात ग्यारह बजे टेबल पर बुलाया गया। वह अनजानी आशंका से सहमी थी। डाँटने की उम्र नहीं थी, पर हम सवालों के साथ दोनों उस पर बरस पड़े। मेरी पत्नी का अन्दाज़ तल्ख़ होने लगा। मैं भी हताश था। पहले वह देर तक मुँह की ज़िप खोलने को तैयार नहीं

हुई। ठंडा-गरम भाव-प्रभाव देकर जब उससे उगलवाया गया तो लब्बोलुआब पता चला कि लड़का, इस बार किसी सीनियर नेवल अफ़सर का बेटा है। पर उसे कोई अजीब बीमारी है। लम्बे समय से बीमार है, अचानक बेहोश हो जाता है। उसने किसी तरह बारहवीं की है, अब घर पर रह कर आगे की पढ़ाई कर रहा है। महीने में पंद्रह दिन अस्पताल में बीतते हैं। नयी प्रणाली का इलाज असर करता रहा तो वह उबर आएगा।

''यह सब क्या है? किस, शादी, बच्चे?''

''पापा हमने ऐसी-वैसी कोई ग़लती नहीं की, क्योंकि डॉक्टर्स ने उसे किसी भी एक्साइटमेंट से दूर रहने को कहा है।''

हम दोनों हतप्रभ थे। लगभग हिल चुके थे भीतर गहरे। मैं सिर पकड़ कर बैठा था।

मेरी पत्नी उसे समझाए जा रही थी, ''तुम दिमाग़ से सोचती भी हो या...क्या तुम्हें जीवन भर किसी ऐसे बीमार लड़के की नर्स बनना मंजूर है? ऐसी दया में शादियाँ की जाती हैं?''

''मैं प्यार करती हूँ!''

''प्यार? तुमसे समझदार वह लड़का है जो तुम्हारे ख़त लौटा गया, अपने लेने आएगा परसों।''

''वह यह सब इसलिए लौटा रहा है, क्योंकि नाराज़ है, मेरे छोटी और स्लीवलैस ड्रेस पहनने से।''

''वाह! कमाल! इतनी हिम्मत और इतना अधिकार! जबकि तुम उसे इस हाल में भी...तुम जैसी लड़कियाँ होती हैं इस ज़माने में?''

''कुछ नहीं मम्मा, वह थोड़ा-सा मुझे लेकर असुरक्षित है।''

''नॉनसेंस! ''

बीच में शनिवार था, सारा दिन अनि को समझायी गई दुनियादारी। इतनी कि उसे समझ आ गया कि वह नर्स बन कर किस लिए किसी बीमार लड़के के लिए जीवन तबाह करे?

गर्मी के दिन थे अमलतास बौरा रहा था। जामुनों पर फल लदे थे।

संडे की सुबह वह लड़का मुझे, हमारे दुमंज़िला अपार्टमेंट के नीचे अमलतास के पेड़ के नीचे मंडराता दिख गया, उसके साथ एक लड़का और था। मुझे क्रोध आया। इसी बेवकूफ़ ने मेरी मासूम बेटी को फुसलाया है, अपनी बीमारी और अनाम दर्द को हथियार बना कर, करते हैं औसत किस्म के लड़के ऐसा भी, हमारे ज़माने में भी किया करते थे। उस लड़के ने नीचे से अनि को कॉल किया, मैंने उसे इशारे से कहा, ऊपर बुला लो। सहमी हुई अनि ने यही किया। लड़का पूरे आत्मविश्वास से भीतर आ गया।

''अंकल अनिंद्या को बुला दें।''

''वह नहीं आएगी। मुझसे बात करो।''

''ब्रेकअप करना है तो मेरे लैटर्स और गिफ़्ट्स वापस कर दे वह।''

''उसके पास तुम्हारी ऐसी कोई चीज़ नहीं है।''

''मैंने उसे महँगे गिफ़्ट्स दिए हैं।''

''वह तुम्हारे महँगे गिफ़्ट्स की लालची नहीं।''

भीतर से अनिंद्या की मम्मी एक रिस्टवॉच, एक नन्हा सोने के हार्ट वाला पेंडेंट और ''रे-बैन'' ब्रान्ड के ग्लासेज़ लाकर उसे पकड़ा गईं।

''लो और चलते बनो।''

''मेरे लैटर्स!''

''अनिंद्या कह रही है उसके पास कोई लैटर नहीं।'' मेरी पत्नी ने कहा।

೧

''हैं! उसे देने होंगे। ब्रेकअप ऐसे नहीं होता।'' कह कर जिस तरह वह अनि के कमरे की ओर लपका मैं हैरानी और गुस्से में भर गया कि इसे अनि का बेडरूम भी पता है। मैंने उसकी बाँह थामी और झन्नाटेदार थप्पड़ लगा दिया। तभी अन्दर से अनिंद्या बाहर आ गई।

''पापा इसे मारिए मत...आपको पता है न, यह बीमार है।''

वह फ़र्श पर बैठ गया, ''मार लीजिए अंकल, आप भी मार लीजिए। वैसे भी ज़िन्दा कहाँ हूँ। डॉक्टर कहते हैं... ।''

''बहुत हो गया इसका ड्रामा, इसे ले जा!'' मैंने उसके दोस्त को रौब भरे

इशारे से उठाया, उसके भी पीठ पर धौल जमाई और बाहर का दरवाज़ा दिखा दिया।

बहुत रोने-धोने के बाद जब अनि ट्यूशन पढ़ने गई तो लड़के के ख़तों की खोज हुई। वे सुन्दर पेंटिंग्स थीं। उदास कविताएँ थीं, जिनके तल में मृत्यु बह रही थी। मैं इस तल में अपनी बेटी को नहीं डुबोना चाहता था। मैंने उसे समझाने के अलावा बहुत सारे क्रियाकलापों में व्यस्त कर दिया। कॉलेज, कोचिंग, फिर डांस क्लास और रात को मैं और वह पॉलिटिक्स, एनवायरमेंट पर बहस करते। मैं समय से दफ़्तर से लौटता, उसकी माँ ने लम्बी छुट्टी ले ली थी। उसे कहीं अकेले नहीं निकलने दिया जाता। सिवाय कॉलेज के, ग्रुप के।

वह अपने ग्रेजुएशन के फाइनल ईयर में आ गई थी और एनीमेशन फ़िल्मों की दुनिया में एक अमरीका बेस्ड एनीमेशन कंपनी में इंटर्नशिप भी कर रही थी।

एक दिन वह बहुत खुश थी, उसे भारतीय मायथॉलॉजी पर एक—छोटी एनीमेशन फ़िल्म—प्रोजेक्ट के लिए चुना गया था। वह बातें कर रही थी, "पापा मुझे अमर-चित्र कथाओं को पर्दे पर लाना है एक दिन, आम्रपालि, कच-देवयानी, वासवदत्ता...।"

मैंने उसे, उसके कॉलेज के गेट के बाहर उतारा, उसने पोल्का डॉट्स वाली बहुत सुन्दर लाल मिडी ड्रेस पहनी तो मुझे वह बीमार, उसकी छोटी फ़ैशनेबल ड्रेसेज़ पर आपत्ति करने वाला, अपनी बीमारी और मृत्यु की आशंका से भावनात्मक रूप से कमज़ोर करने वाला लड़का याद आ गया।

"तेरे उस ड्रामा कंपनी के क्या हाल हैं? ठीक हो गया न वह! मैंने कहा था न कुछ नहीं होता ऐसों को। वह बस सहानुभूति जीतना, सुन्दर और लायक लड़कियों की..." मैं एफ एम पर चलते गाने की धुन गुनगुनाते हुए पूछ बैठा।

"पापा, वह अब ज़िन्दा नहीं है।" वह तटस्थ थी। उसके चेहरे पर जमा हुआ दुःख दिख रहा था। उसके होंठ काँप रहे थे, आँसू पी लिए थे उसने, लेकिन मैं उसका रुदन सुन सकता था। उसने उसकी समाधि अपने ही भीतर बना कर, पीड़ाओं का, बिना नाम का समाधिलेख लिखकर दरवाज़े बन्द कर दिए थे खुद के। क्योंकि पापा-मम्मी व्यावहारिक हैं, उनकी सोच कुछ और कहती थी, उन किताबों के विपरीत।

मुझे एक साथ वो दोनों थप्पड़ याद आ गए जो मैंने पहली बार अनि के मुख पर लगाया था, दूसरी बार उस लड़के के। मन किया तीन चार थप्पड़ अपने

गाल पर लगा लूँ। मैं बुरी तरह बिखरने वाला था कि अनि ने मेरे स्टियरिंग व्हील पर काँपते हाथ पर हाथ रखा।

''पापा, आपकी कोई गलती नहीं। उसके पापा-मम्मी, डॉक्टर और वह खुद जानता था कि वह मरने वाला है। मैं ही सोचती थी कि...''

मेरे हाथ स्टियरिंग पर काँप रहे थे। मैं अब तक खुद को समझा रहा हूँ कि ''मैं पिता हूँ। मुझे नहीं पता कि मैंने सही किया या ग़लत...।''

मैंने उस रोज़ नहीं सोचा था कि उस थप्पड़ के बदले मेरी आत्मा पर अदृश्य घाव हो जाएँगे और मैं बार-बार उन्हें अपने हाथों से सहलाऊँगा। उसकी मृत्यु से मुझे क्यों फ़र्क पड़ना था? लेकिन मैं हताश रहा पूरा दिन— अपनी हथेलियाँ देखता, उन्हें अपने गाल पर रख पश्चाताप में झुलस रहा था। उसकी उकड़ूँ बैठी अवस्था याद आती—दोनों हाथ मोड़े, कोहनियों से चेहरा ढके—'मार लीजिए-मार लीजिए।'

‑

''माना मैं आपकी बेटी हूँ। आप पापा थे इससे मैंने कब इनकार किया था। आप बेहतरीन पापा होते-होते कहीं चूक गए। मैं आपको आदर्श मानती रही हूँ। क्योंकि आपने मेरे स्कूल के जिस दोस्त के कारण पहला थप्पड़ मारा था, कि वह एक फोर्थ क्लास लश्कर का बेटा था। पापा, आपने ठीक वैसी ही कहानी अपने बारे में सुनाई थी कि आप एक लैब असिस्टेंट के बेटे थे, बहुत मुश्किलों के साथ आप पढ़े। आपके पास भी तीन जोड़ी कपड़े होते थे और आप भी बहुत ब्रिलिएंट थे, आप में अफ़सर बनने की योग्यता थी। मैंने आपसे कभी बहस नहीं की। आपको मेरी बहस से चोट पहुँचती थी। मैं यह जानती हूँ, आपकी आँखें पढ़ती हैं कि मेरा मन बहुत जिरह करता है, उन इंसानियत और मूल्यों वाली किताबों को लेकर, जो आपने बेबी-बाथटब में भी पकड़ाई थीं। प्लास्टिक कोटेड रफस भालू की किताब, फिर स्कूल जाने पर *अमर-चित्र कथाएँ, पंचतंत्र,* कितने सारे महान लोगों की ऑटोबायोग्राफ़ीज़...। आप मुझे कहते थे मेरे दोस्तों और सहेलियों ने मुझे बिगाड़ा! नहीं पापा! उनमें तो मुझे किताबों जैसे लीक से हटकर चले अलबेले चरित्र मिले। मुझे जो भी बनाया-बिगाड़ा कुछ किताबों ने, कुछ मेरे अपने दिमाग़ ने जो तर्क करता था।

‘‘मैंने छोटे गेट से झाँक कर देखा—बहुत देर तक आप अपने हाथ मसोसते कार स्टार्ट कर धीरे से चले गए थे। मैं आपको ग्लानि में नहीं देख सकती। आप हमारे लैटर्स पढ़कर जाने क्या-क्या सोच गए। आपकी बेटी क्या दे सकती थी? जानते हो वह क्या कह कर मरा? 'अनिंद्या, मैं तो वर्जिन ही मरने वाला हूँ।' सॉरी पापा! हाँ, मैं उससे मिली कुछ दिन पहले उसके जाने के।

‘‘तब मैंने उसे खुद को चूम लेने के लिए कहा था। वो चुम्बन एकदम भोले थे। सादे और सीमित। उसने स्वीकार कर लिया था कि वह मर रहा है। उसने खुद को सबसे काट लिया। मैं उसे बताना चाहती थी कि सब ठीक हो जाएगा। लेकिन वह किसी से आश्वस्ति नहीं चाहता था। मैं नहीं कह सकूँगी कि मैं केवल यह चाहती थी कि उसे सुकून मिले, उसकी आँखों में सपने उगें। इसलिए प्यार का ढोंग करती थी। वह अनोखा एवं अटपटा था, मेरे सारे अन्य अच्छे दोस्तों-सहेलियों की तरह जिनके लिये 'मम्मा' के पास एक शब्द है 'बेतुके दोस्त' यानी एकदम अजीबोगरीब।

‘‘मैंने बस कोशिश की थी कि उसके उस रहस्यमय दर्द को समझ सकूँ, जिसको समझने में उसके मॉम-डैड फ़ेल हो गए। वे सोचते थे कि यह कुछ नाटकीय या बेजा एहसास है।

दर्द के बदले का प्रेम के अलावा मैं क्या दे सकती थी? उसने मुझे जितना दिया...एक समझ फ़िल्मों के लिए, कहानियों के लिए...एनीमेशन के लिए, दिन-रात लग कर एक सॉफ़्टवेयर बनाया उसने। मेरे होने से, मेरे कारण व्यस्त होने से उसे उन दिनों बस बेहतरीन लगा होगा। एक सुन्दर लड़की का बॉयफ्रेंड होना, जो हर रोज़ उससे चैट करती, हाथ से भी चिट्ठियाँ लिखती, जिनमें शादी और होने वाले बच्चों का ज़िक्र होता। उसकी डूबती हुई आत्मा में मासूम शरारती सपने फुदकते। बस यही पापा!

‘‘आपने एक दिन गुस्से में कहा था—देखना यह सब ड्रामा है, एक दिन वह ठीक हो जाएगा और तुम्हें भूल कर किसी और लड़की को डेट करेगा।

‘‘मैं बुदबुदाई थी—काश! वह ढेर सारी लड़कियों को डेट करे।

‘‘वह दिन आया ही नहीं।

‘‘उसके आखिरी दिन मोमबत्ती बुझने जैसे थे। बिजली आ जाने पर

मोमबत्ती के बुझने के बाद की महक़... । जैसी उदासी दे जाती है न, ठीक वैसे ही। उसके ख़त आप मेरी आलमारियों में दिनों-दिन खोजते रहे। वो हाथ से नहीं लिखे थे, एक हार्ड डिस्क में थे। संसार भर की क्लासिक फ़िल्मों, उसके मेरे लिए एनीमेशन फ़िल्म मेकिंग में काम आने वाले सॉफ़्टवेयर्स और इंटरनेट से सैकड़ों फ़िक्शन की डाउनलोडेड किताबों के साथ। हाँ, बिलकुल वह प्यार करने लायक था, वह हँसाने में माहिर था। शरीर लय में होता तो वह ज़िन्दगी और मेरे लिए जोशीला भी होता। मैं और बड़ी हो जाऊँ, आप भी अपनी बेटी से परे की दूसरी दुनिया के दर्द को समझने लायक हो जाओ तब शायद चुपचाप से उसके ख़त आपको पढ़ा सकूँगी।

वह लिखता था—

''मेरी कहानी उस दिन से शुरू होती है, जब धरती कोहरे से ढकी थी, मेरे जैसे लोगों के जन्म का धुँधला संकेत। रात, मरती चाँदनी और उदासी। मुझे पैदा होते ही ओटी में ले जाया गया, ओटी की सड़ी हुई रोशनियाँ, ईथर की गंध और खून की महक मेरे अवचेतन में स्थायी है। मेरी छोटी आँत और बड़ी आँत के बीच कोई संपर्क ही नहीं था। मेरा पेट फट पड़ने की हद तक फूला हुआ था। माँ बताती है, मेरा नन्हा शरीर कितनी नलियों के जाल में छुप चुका था। तुम यकीन करोगी ? तब से अब तक मेरी बारह सर्जरी हो चुकी हैं।

''मैं अपने दोस्तों की मस्तियों, उनके सेक्स से जुड़े अनुभवों और लड़कियों को लेकर उनकी ग़लीज़ बातों को अपने अकेलेपन के हाशिये से देखता था। मैं भावुक था इसलिए उनके रिश्तों में प्रेम नहीं पाकर मुझे दुःख होता था। क्योंकि वे लड़कियाँ इसे प्रेम ही समझा करती थीं। अपनी बॉडी सौंपा करती थीं, जिसे लेकर वे फाहश डीटेलिंग करते खुलेआम, किस लड़की ने कब और किसके साथ अपनी वर्जिनिटी खोई। मुझे बुरा लगता, मैं पहले बहस करता फिर चुप रहने लगा क्योंकि वे मेरा मज़ाक बना कर मुझे तोड़ते।

''तुम नहीं जानतीं कि तुम कितनी अलग थीं उन लड़कियों से, जो अमीर लड़कों की तरफ़ भागती थीं। तुम दूर रहती थीं ऐसे लड़कों से जो अपनी कारों और गर्लफ्रेंड्स में फ़र्क नहीं समझते थे। फ़ोन पर तुम बोलती थीं और मैं अपनी सारी इंद्रियों का ज़ोर लगा कर उसे सुनता। हर रात दर्द को, खुद को सौंपने के बाद केवल रात दस बजे फ़ोन पर तुम्हारी आवाज़ मुझे विश्वास दिलाती थी मुझे जीना है।

‘‘मैं खुद से कहता—अच्छी तरह सुन ले, तेरी मुस्कान उसकी उम्मीद है। दर्द में भी मुस्कुरा।

‘‘पागल हो तुम, तुमने अपने शरीर के सुनहरे रोमों को मुझे छूने दिया, पूरी संवेदनशीलता से। यकीन मानना मैंने तुम्हें लड़का बन कर नहीं, लड़कियों की संवेदनशीलता के साथ थोड़ा छुआ बाकी बाद के लिए रख दिया सहेज कर। मैं ठीक होने के लिए तैयार था आगे होने वाली तीन और सर्जरियों के लिए।

‘‘मैं तुम्हारी परीकथाओं और सुखांत एनीमेशन फ़िल्मों में जीने लगा। उन सब नेमतों की कल्पनाएँ मेरे भीतर घोंसले बनाने लगी थीं—जिनमें स्वस्थ होना सबसे पहले आता है। सम्पन्नता थी मेरे पास और बेहद सुन्दर गर्लफ्रेंड।

‘‘तुम मेरी वेबडिज़ायनिंग और प्रोग्रामिंग में माहिर और मौलिक होने की तारीफ़ करती हो। उस लड़के की क्या योग्यता जिसके पास कोई डिग्री तक नहीं। यही मेरी विडम्बना है। मेरे पापा मुझे घर में देख कर खीजते हैं। वे हताश होकर मुझे ही डाँटते हैं। मम्मी खाना रख कर चुपचाप अपने स्कूल चली जाती हैं, अब उनकी आँखें भी नहीं डबडबातीं। मैं डर जाता हूँ कि सब किस चीज़ का इंतज़ार कर रहे हैं, जो उनकी मुक्ति है। क्या मेरी बीमारी का...मटमैलापन उन सबकी रोज़मर्रा की ज़िन्दगी में बस गया है।

‘‘मेरी माँ के बारे में तुम जानना चाहती थीं। उनका कद बहुत छोटा था, शादी के समय। मेरे पिता ने तब ध्यान नहीं दिया। पर मेरे स्वास्थ्य की वजह वह उनके छोटे क़द को मानते हैं मानो। उनके भीतर मेरा विकास जन्म से पहले अवरुद्ध हो गया हो। वे कोसते हैं उन्हें मेरे कारण।

मेरा जन्म, मेरी शुरुआत यानी दुःख और दुःख। मेरी माँ का दुःख। वह घर पर रहती हैं तो मुझे ज़रूरत भर ही देखती हैं। बाकी वे मेरे ही कामों में व्यस्त रहती हैं। मेरा खाना, कपड़े, दवाएँ, कमरा जमाना, नई फ़िल्मों की डीवीडी लाना, डिजिटल पत्रिका के अंक और दूसरी किताबें भर देना। मैं एक छोटे लड़के की तरह ठुनक कर उनको बुलाना चाहता हूँ। उनके महकते सीने में घुसना चाहता हूँ। पर उनकी आँखें कहती हैं डपट कर—बड़े हो चुके हो।

‘‘ऐसे में मैं वही करता हूँ जो माँ को पसन्द है, समय से पहले वयस्क होने का दिखावा। रातभर अच्छी नींद सोने का दिखावा। मैं अपने गुनगुने, साफ़ बिस्तर में सरक जाता हूँ। वहाँ लम्बे समय, शान्त-स्थिर पड़े रहना—सपाट। स्वस्थ और बिना दर्द के होने का दिखावा करते हुए, जबकि आरी चीर रही होती थी मेरी आँतों को। दर्द को आदत बना लेता अगर ये मायावी दर्द रूप

न बदलता, न रफ़्तार, न अंदाज़। यह दर्द कभी जलन की तरह होता, कभी गुदगुदाता, कभी सुइयाँ चुभाता, कभी आरी से चीरता, कभी हथौड़े चलाता, कभी बिजली के झटके-सा लगता। मेरे डॉक्टर न कभी समझे, न आज समझ पा रहे थे। यह दर्द था कि हर बात पर हावी था। मैं यह बस तभी भूलता हूँ मेरी एंजल, जब तुम साथ होती हो। मैं खुद को तुम पर ढीला छोड़ सकता हूँ। तुम पर चिल्ला सकता हूँ। दर्द की बात सौ-सौ बार दोहरा सकता हूँ। तुम सुनती हो कि कहाँ-कहाँ यह होता है, आँत की कौन-सी भीतरी परत में, कि पसलियों के पार कहीं। मैं खुद के खोल से बाहर आता हूँ।

''मैं जानबूझ कर दोस्तों को कॉल करके कहता हूँ, मैं पिज़ा हट में या सीसीडी में अनिंद्या के साथ हूँ। माई गर्लफ्रेंड! वे उदार हैं, मेरे सामने नहीं हँसते। मैं तुम्हारे साथ आवारा घूमने की खुशी में काँपता हूँ। तुम गोल मार कर चिंता करती हो अटैंडेंस कम होने की। हमें मैट्रो कहाँ-कहाँ ले जाती है। मैं तुम्हें चूम पाता हूँ, एक बार, दो बार। किसी दूरस्थ मैट्रो के सुनसान स्टेशन पर। तुम हमेशा कल मिलने का वादा करती हो, पर वह कल पखवाड़ा या महीना लगा लेता है। तुम कहती हो मैं व्यवहारिक नहीं हूँ। मैं बहस करता हूँ, ज़िन्दगी मेरे साथ व्यवहारिक नहीं है सो? तुम मुँहासे पर चिंतित हो जाती हो, मैं अपनी सिकुड़ती और नष्ट होती नव्र्ज पर चिंतित न होऊँ? मैं तुम्हारी बड़ी काली आँखों की चमक के लिए अपना सारा जेबखर्च उड़ा देना चाहता हूँ।

''तुम दूरी बरतने लगी हो, दो सप्ताह से। मैं क्या करूँ, नहीं बरदाश्त होता तुम्हारा स्लीवलैस टॉप और छोटी स्कर्ट पहनना। कितना छोटा मुद्दा है यह जिस पर हम बिल्लियों की तरह झगड़ पड़े थे, तुम्हारे कॉलेज के पिछले गेट पर। तुम शर्मिंदा हुई थीं। तुमने ब्रेकअप की बात कही। अपनी चिट्ठियाँ और काड्‌र्स लौटाने की बात। लौटा दूँगा। पर प्लीज़, छोटे कपड़े इतना इश्यू नहीं है। थोड़े दिन बस मेरे लिए तुमसे बदलने की उम्मीद, एक्सट्रा चीज़ पिजा में भी और चीज़ माँगने जैसा है न! तुम मना करती थीं नहीं पचेगा मत लो, पर मैं स्वाद को दर्द पर तरजीह देता था।

''मैं बिस्तर तक सिमट जाऊँ, उससे पहले मैं तुम्हें तुम्हारा सामान लौटाने आना चाहता हूँ। पापा-मम्मी सर्जरियों से थक चुके हैं। हम अब डॉक्टर के यहाँ नियमित चैकअप पर भी साथ नहीं जाते, बस वही दवाएँ जो मैं हर खाने के बाद पान या टॉफी की तरह खा लेता हूँ।

''आजकल मक्खियाँ तक मुझे चिढ़ा जाती हैं, अनिंद्या, मैं कोसता हूँ उन्हें। मैं बिना चीखे रोना चाहता हूँ, दर्द कम नहीं होता। फिर नींद का इंजेक्शन मुझे सुला जाता है। मैं तुम्हारे प्यार से परेशान होकर रोता हूँ कि मैं क्या कर सकता हूँ तुम्हारे लिए? यह सच है कि तुमने मेरी उम्र दो साल बढ़ा दी। लेकिन तुमने दूर होकर ठीक नहीं किया।

''तुमने कहा था तुम हर जगह मेरे साथ चलोगी, मेरे पिछले बर्थडे पर हम कितना घूमे फ्रेस्को में, जनपथ पर। हम कहाँ-कहाँ छुप कर बैठे गार्डन्स की बैंचों पर, सब-वे में, मैट्रो स्टेशनों पर। तुमने मुझे चूम लेने दिया। सुनहरी पिंडलियों से लेकर होंठों तक। मैं प्रेक्टिकल बिलकुल नहीं प्यार में। मुझे पाने से बेहतर सब्र लगता था। कितने महीनों में हिम्मत कर सका। तुम्हारे गोल चेहरे के क्यूट पिंपल पर ही मेरी सारी खुशी टिक गई। तुमसे बातें, तुम्हारा साथ। तुम दूर जा रही हो तो लग रहा है, तुम्हें और लड़कियों की तरह कहीं सीमाओं का अतिक्रमण तो नहीं चाहिए था? या तुम्हें लगा कि तुम हारे हुए घोड़े पर समय बर्बाद कर रही हो। मैं खुद तुम्हें नहीं बता सका कि मुझे क्या हुआ है, मेरी सर्जरियाँ कोई परिणाम ला सकीं कि नहीं? मैं शिद्दत से चाहने लगा था कि मेरा अनाम दर्द काश मेरा ड्रामा होता।

''याद है एक बार तुम घर आई थीं, मैं बिस्तर में कराह रहा था। मेरे होंठों पर लाल दाने हुए थे। तेज़ बुखार था। तुम पास आकर पैरों की तरफ़ बैठ गईं। तुमने धीमे से मुस्कुरा-मुस्कुरा कर कहा था—कि चूमने से यह सब हुआ है क्या?

''वो दाने तुरन्त गायब हो गए, बुख़ार उड़नछू। हम स्केटिंग करने गए शाम को। तुम बहुत कुछ बदल सकी हो, मैं ही नाशुक्रा हूँ, अपने ही कॉम्प्लेक्स का मारा।

''मैं बड़ा और ठीक हो चुका हूँ। बचपन और टीन एज मुझे कब के छोड़ चुके हैं। मेरा मन दुःख से भरा है। मैं उन दिनों को वापस कैसे लाऊँ? हमने सपना देखा था अन्तहीन प्रेम का, शादी का। साथ बैठ बच्चों के नाम तक सोच लिए थे। मैं अब भूल तो नहीं पा रहा, इस कैंपस से दूर चले जाना मेरे बस में नहीं, तुम्हें कई बार सुबह बस के लिए भागते देखता हूँ, तुम कई बार सड़क के स्पीडब्रेकर से टकरा कर बैलेंस खो देती हो। मेरा मन करता है पहले की तरह दौड़ आऊँ। मेरे साथ किए तुम्हारे बचकाने रोमाँस को मेरा मन दया मानने को तैयार नहीं होता। दया में कोई झगड़ता नहीं है। मैं बहन के आगे अब तुम्हारा नाम

नहीं लेता। वह शाम की सैर के समय पूछती है। मैं उसे दुःखी और बोर क्यों करूँ? पर मैं अतीत की गलियों में चलता हूँ, पिछले बुरे और हिंसक वाक़ये की खटास से उबरना चाहता हूँ। मैंने माफ़ कर दिया तुम्हारे पापा को। ग़लती मेरी थी पर मैं बहुत दिन उनसे नाराज़ रहा था। उनको बताना मत, मैंने ही उनकी नई कार पर लम्बा स्क्रेच लगाया था।

''अपने कैंपस के गार्डन की बैंच और जामुन के पेड़ों के रास्तों पर अब भी धुँधले पड़ गए हमारे चुंबन बिखरे हैं। बारिश ने उन्हें धोया नहीं है। लाल कलगी वाली चिड़ियाँ उन जामुनों के पेड़ों पर घोंसला बना चुकी हैं, जिनके नीचे हम देर रात तक बातें करते थे।''

''पापा! वह ऐसी फ़िल्में देखता था या जिन फ़िल्मों को हम साथ देखते थे उनके अन्त हमेशा ऐसे होते कि नायक-नायिका की ऐन उस पल मृत्यु हो जाती जब वे खुशियों के करीब होते। या तो वे अपनी सदाबहार जवानी में ही पथरीले हो जाते, या दूर पटक दिए जाते, पागलखानों में, दूसरे देश में कैद युद्धबंदी। मैं पूछती, तुम इन फ़िल्मों को क्यों देखते हो? चलो इन फ़िल्मों का अन्त बदल कर सोचें, हम ये कहानियाँ बदल दें।

''वह इस यक़ीन में ख़ुश हो जाता—ये कहानियाँ बदलेंगी, तुम बदलोगी इनको। किस्मत की हवा का रुख़ सही हो, सही वक्त लौट आए। बुरे दिनों का हिसाब वह भूलने लगता। उसे कॉफ़ी और संतरों की महक़ घेर लेती। सीसीडी के बाहर हरे घास के टुकड़े में सूरज की रोशनी के स्क्वायर में दो गिलहरियाँ एक-दूसरे से खेलतीं। उसके बदन में सिहरनों का इज़ाफ़ा होता, भूख खुल जाती और एक्स्ट्रा चीज़ माँगता वह अपने बर्गर में।

''जिस दिन आपने उसे थप्पड़ मारा था उसके बाद वह अपने घर में बन्द हो कर रह गया था। उसके साथ आए लड़के ने उसके दोस्तों में बात फैला दी कि आपने उसे थप्पड़ मारा था, वह एक प्रतिशोधी ख़ामोशी में बन्द हो गया था। अनजाना दर्द हद से आगे जाकर उसे बेहोश करने लगा था। ऐसी हद से बाहर की तकलीफ़ में डॉक्टर उसे नशे का इंजेक्शन देते। वह कभी-कभी जब नशे के इंजेक्शनों से उबरता तो चैट करता था मुझसे। उसने अपने अकेलेपन को एक पिट्ठू बैग की तरह कन्धे पर लटका लिया था और सारी दुनिया का भूगोल गूगल अर्थ पर (Google Earth) उसने घूम लिया था...वह घबराता था अन्तरिक्ष के

ब्लैक होल्स से। मौत के बाद क्या के सवालों पर...।

''पापा, मेरी चिंता मत करना, मैं उसके न होने को अपनी ज़िन्दगी पर हावी नहीं होने देना चाहती। खुद को व्यस्त कर लूँ। सपनों में डुबो दूँ। मैं जानती हूँ जीना। अभी भले ही मुझे आँख बन्द करनी पड़ती है ताकि मुझे कुछ याद न आए।

''मैंने आपको जानबूझ कर नहीं बताया, उस दिन आपकी एनीवर्सरी थी।

''फरवरी का एक भीगा सवेरा था, सवेरे की सपाट ख़ामोशी में मैं कॉलेज जाने के लिए तैयार हो रही थी। फ़ोन बजा तो भीतर अनजानी आशंका का तरल काँपा! उसकी बहन का फ़ोन था—अनिंद्या रोहन नहीं रहा। आज सुबह पाँच बजे तक लैपटॉप पर उसने कोई डॉक्यूमेंट्री फ़िल्म देखी होगी। सुसाइडल बर्ड्स पर। लैमनेड पिया, पीते ही उलटी की तो मैं उठ बैठी। वह दर्द से हल्का-सा चीखा फिर बिस्तर पर उल्टा गिरा। पापा ने सीधा किया तो वह जा चुका था। फ़िल्म तब भी उसके लैपटॉप पर चल रही थी। कह कर बहन सिसकने लगी।

''मैंने अपने हाथ में खुली लिपस्टिक बन्द करके रख दी। टेबल पर रखे पापा आप के और अपने टिफिन में से बिना अपना टिफ़िन उठाए अपना बैग लिए मैं सीढ़ियाँ उतर आई। मम्मी पुकारती रहीं, मैंने अपनी रुलाई छुपाते हुए चीख कर बिना उनकी तरफ़ देखे कहा था—मुझे जल्दी पहुँचना है। लंच तक लौट आऊँगी। दो मिनट में मैं सड़क पर थी! मैं नहीं जानती थी मैं कहाँ जाऊँगी? चार सौ घरों वाले इस कैंपस में एक घर में, जहाँ से वह चला गया था? उसके लिए शोक मनाने जहाँ उसके माता-पिता के परिचित जुटेंगे। वहाँ जाने का मेरे पास न अधिकार था, न मोहलत। फिर किसे विदा देती? जो अब था ही नहीं?

''मैं बेमक़सद दिल्ली कैंटोनमेंट की सुनसान सड़क पर चलने लगी। ज़मीन पर बिछा था, पतझड़ी पत्तों में लिपटा भीगा सवेरा। सच में मुझे लगा हज़ारों लाल कलगी वाली काली चिड़ियाँ अपने टूटे पंखों के साथ सड़कों पर टपकी पड़ी हों। उनकी लाल कलगियाँ स्लोमोशन में पन्नियों की तरह गिर रही हों।''

ठगिनी

मरुस्थल के आठ गाँवों में वह इकलौता ताल था, थे तो जेठ के गरम दिन, लेकिन वह ठंडी चाँदनी रात थी। ताल चाँदी के तारों कढ़ी, हरी नीली चुनरी-सा चमक रहा था। बगल से जाती आठ कोस की कच्ची-पक्की सड़क पर उसे अकेले जाना था।

ताल के एक किनारे पर सोता हुआ-सा राणी सती का मन्दिर था, कोई सती जो अट्ठारह सौ निन्यानवे में अंग्रेज़ों के ज़माने में सती हुई। गाँव के लोगों से जेल भर गई थी, जोधपुर की, पर गवाही किसी ने नहीं दी। सब छूट के आए और पीले रंग के पत्थर की नक्काशी करवा कर यह मन्दिर बनवाया था। जिसके किनारे एक खेजड़ली थी, जिस पर न जाने कितने लाल लीरे लटके थे, कुँवारियों और सुहागनों के बाँधे हुए। मन्दिर के ऐन सामने ताल की तरफ़ मुँह किए पीले पत्थर का कारीगरी का नमूना-सा चबूतरा बना था। सावन मास में यहाँ इस कच्चे-पक्के प्रांगण में खचाखच मेला भरा रहता था।

क्या अभी भी कोई बैठा था? एक आदमी था, वो तो चुपचाप चला गया पर वो वहाँ कौन है अब भी? वो भी रात ढले? वहाँ तो कोई औरत बैठी थी। औरत है कि कोई डाकण? लम्बी, भरी-पूरी। छींट की ओढ़नी, पीली मगर चाँदनी में जिसका रंग सफ़ेद ही दिख रहा था। फर-फर हवा में चोटी खोल कर निकल आए बालों की मोटी ज़ुल्फ़ ने चेहरा ढाँप दिया था। सरवण मन ही मन काँप रहा था, पर आवाज़, कड़क कर बोला—कौन है वहाँ।

ज़ुल्फ़ घूंघट की ओट चली गई। औरत सिकुड़ कर बैठ गई। मायाविनी है क्या कोई? या कोई डाकू? कहते हैं, लम्बी मूँछ वाला लहरी डाकू घाघरा-लूगड़ी पहन कर व्यापारियों को रास्ते में मिलता, बैलगाड़ी रुकवाता और फिर

घाघरे से अपनी तलवार निकालता, नगदी-जेवर लूटता और मरुस्थल के धोरों में अपनी ऊँटनी पर सवार होकर गायब हो जाता। सरवण की पैंट की खुफ़िया जेब और डबल पहने सलेटी मोजों में एक नई भैंस बेचने के बाद मिले साठ हज़ार रुपए कसमसा रहे थे। सरवण ने एहतियातन चाकू निकाला, ''कौन है? बोल!''

औरत डर कर खड़ी हो गई, घूँघट पलट कर धूजने (काँपने) लगी। इशारे से छाती पर हाथ रख कर फुसफुसाहट-सी निकाली।

''मम्म...मैं !''

''कौन मैं?''

अठारह-बीस साल की लड़की-सी औरत। जल्दी-जल्दी एक साँस में सरवण ने उससे ढाणी, गाँव और जाति, पंचायत सब पूछ डाली। लड़की चुप, बड़ी-बड़ी आँखों से चुपचाप ताकती रही। सरवण अजीब पशोपेश में। सरवण उससे माथापच्ची किए बिना आगे बढ़ लिया। आदतन मुड़ कर देखा तो, हाथ में मोजड़ियाँ लिए वह नंगे पैर पीछे-पीछे आ रही थी। धूप में तपा-सुनहरा गेहुँआ रंग, तीखी नाक, भिंचे-भिंचे होंठ। सूनी-सी बड़ी आँखें। हवाइयाँ उड़ी-उड़ी। सरवण ने टाल दिया—जा रही होगी कहीं, साथ का सहारा खोज रही है। आगे मुड़ जाएगी किसी ढाणी में। ससुराल से रार कर, रीस कर निकल गई होगी, अब डर लग रहा होगा। पैंट के नेफे पर हाथ फेरा, पहली गड्डी सलामत। ठिठक कर एक पैर से दूसरे पैर के मोजे को टटोला, दूसरी गड्डी सलामत, तीसरी भी। पेट पर बँधी नए गढ़ाए गहनों की पोटली तो गड़ कर लगातार पता दे ही रही थी।

दोनों आधा मील चल लिए, सरवण मुड़ा तो देखा कि हथलेवे में बँधी लाड़ी के नाईं वो पीछे-पीछे आ रही थी। चेहरे पर वही थकान जो देर रात जागने के कारण नवेली के मुख पर हो। हूक-सी उठी चालीस साल के सरवण के मन में। अजीब से समय पर मिली इस ठगिनी-मायाविनी के भय के चलते, उसने ज़्यादा बात नहीं की, वरना अपने सुन्दर डील-डौल, बातों और आखिर में चाँदी-गिलट के जेवर और रोकड़े के लालच से बाहर गाँव में वह कई औरतों को अपने निकट लाता रहा है। यह परिस्थिति कितनी विचित्र है, एकांत है, स्त्री

है साथ चलती हुई, लेकिन उसकी आगे बात करने की हिम्मत नहीं हो रही। उसका कुतूहल बढ़ा, वह उससे बोलने और उसे परखने के लिए बेचैन हो गया। पगडंडी ख़त्म हो गई थी, टूटी-फूटी सड़क आ गई थी।

~

''ससुराल से रीस कर आई हो क्या?''

वह चुप।

''मायरा किस गाँव में है?''

वह चुप।

''ब्याव हुआ है कि नाते-वाते।''

वह चुप।

''चुप रहना है, तो मेरे लारै आणे की जरूर्त तो है नी।'' कहकर सरवण जल्दी-जल्दी चल कर आगे पहुँच गया। वह चुप थी मगर जेठ की बौराई धूल भरी हवा चीख कर पूरे परिदृश्य पर झपट पड़ी। चाँदनी धूल-धूसरित आस-पास उगी करील की झाड़ियों में छिपी बटपड़ों के चूज़ों ने पर फड़फड़ाए। मोर प्याओ प्याओ करने लगे। एक लोमड़ी सरपट भागी।

वह दौड़ कर पास आ गई। उसका कुर्ता पकड़ कर आँखों से भीख माँगने लगी। बच्ची-सी है ये तो, उसकी भतीजी केशराँ की उमर की। गेहुँअन सुनहरा रंग, बड़ी और भोली आँखें, अच्छे घरों की सी सुघड़ नाक, चेहरे पर बालकों जैसी लुनाई, कि बस अभी माँ का आँचल छूटा और ताड़ पर चढ़ गई काचरी की बेल-सी, लम्बी मगर कच्ची बेल। देवकन्या-सी।

~

''ये क्या जबरदस्ती लारै चिपकणा? कुछ पूछो तो चुप्प।'' सरवण बड़बड़ाया।

''मेरी माँ, मेरे पीछे आने की ज़रूरत नहीं है। मैं कोई काका हूँ तेरा?'' सरवण चीख कर हाथ उठाकर, डपट कर बोला।

हताशा में लड़की वहीं रुक गई। कुछ कदम चल कर, वह सड़क के किनारे घुटने मोड़ कर बैठ गई। सिहरती देह से लगा रो रही है। दूर-दूर तक सन्नाटा, सूखे मैदान में करील के झाड़, बेर-आकड़े। टूटी-फूटी नागिन की केंचुली-सी, रेत में लहराती-खो जाती सड़क। बीच-बीच में एकाध ट्रक आ

जाता। कहीं आत्महत्या न कर ले छोरी। जिस तरह से अकेली चल पड़ी है, कुछ भी अनहोनी हो सकती है। जीने की आशा खो दी हो, ऐसा भी नहीं दिखता। जीना नहीं चाहती तो पीछे क्यों चलती? राणी सती के ताल में नाक बन्द करके कूद लेती। सरवण का कुतूहल बढ़ा।

''देख रो तो मत। बात बताएगी तब तो समझूँगा न? दुःख हर इंसान को होता है। पेड़-पत्थरों को तो होता नहीं। तू अकेली लड़की की जात, तुझे यहाँ छोड़कर जाना मुझसे हो नहीं रहा। साथ तू चल ही रही है। पर ठिकाणा तो बताना पड़ेगा न!''

उसने गुरु जी के सुने प्रवचनों की दो बातें दोहरा दीं, इतने पर भी वह चुप। वह पूछ-पूछकर थक गया। फिर चल पड़ा, लड़की को मुड़ कर देखा, उसने पगरखियाँ हाथ में लीं और पीछे आने लगी।

～

सुना है चार पग साथ चल कर लोग अपने दुःख बाँट कर निश्चिंत हो जाते हैं। रात भर साथ चल कर, लगभग तीन कोस साथ चल कर दोनों में से कोई एक-दूसरे के मन की थाह न पा सका। दोनों के बीच एक विचित्र मूकबंधन बँध गया। युवती अपना मन नहीं खोलना चाहती, वह कुछ कहना भी चाहे तो इसको कोई दिलचस्पी होगी लगता नहीं।

''देख, बस सबेरा होने को है, एक कोस और चल कर मेरा गाँव 'पीतल्या' आ जाएगा। तू अब भी बता दे कि तेरे को जाणा कहाँ है? आधे कोस पर से मेरा खेत शुरू हो जाएगा जहाँ मेरे बेटे हल जोतते मिल जाएँगे।''

युवती चुप थी, सलेटी सुबह उसके गेहुँआ चेहरे पर राख-सी उड़ा गई। वह बुरी तरह क्लांत थी। डबडब आँखें, हमेशा गीली-गीली, मछली जैसी लम्बी, कान तक चिरी हुई।

''मेरे गाँव में थोड़ी देर ठहरना हो तो ठहर जाना। अपने गाँव और लोगों के बारे में बता दोगी तो, अपने लड़के को अपने खर्चे से भेज दूँगा या अपनी बैलगाड़ी से। खो गई हो तो कोई निसानदेही उस जगह की कर दो, मैंने कितने ही तालाबों का पानी पिया है, बहुत जगह घूमा हूँ। पहुँचा दूँगा। तुम आस-पास के सात गाँवों की औरत नहीं हो, यह मुझे मालूम है।'' वह गर्व और संशय मिला कर बोला और आगे-आगे सीना तान कर चलने लगा। वह छाया की तरह

पीछे चलने लगी। सूरज की लाली पूरब को केसरिया कर गई तो युवती का रंग सुनहरा चमकने लगा। सरवण को लगा उसके होंठों पर भीनी मुस्कान आई। सरवण गुनगुनाने लगा—

"खड़ी नीम के नीचे खड़ी मैं तो ऐकली"

उसकी सुरीली गुनगुनाहट सुन लड़की को पीछे छूटा ठिकाना याद आने लगा। पीछे छूटी एक मिनकी बिल्ली, मुनक्यो बकरी और उसके दो मेमने लीलू-सीलू याद आ गये। कल दोपहर जब दादी के घर से निकली तब से लेकर अब तक जो भी बातें हुईं, जो समझाइश दादी और मनोहर काका ने की वह सब कुछ याद आने लगे।

'गोगा पीर भला करना, मेले में मनोहर माट्साब ने सही आदमी की तरफ़ ही इशारा किया हो। ये आदमी वैसा तो नहीं लग रहा। भगवान ही जाने कि वही है यह कि कोई और!' इस अनिश्चितता में भी शान्ति मिल रही थी उसे उसके पीछे चलने में, मगर पीछे छूटे हुए की याद में उसका दुःख उमड़ पड़ा। बूढ़ी दादी के साथ बचपन से खेतीबाड़ी का काम, या फिर बकरियाँ सँभालने का काम करती रही। मनोहर माट्साब लड़कों की प्राथमिक पाठशाला के मास्टर थे, दादी के रिश्ते के देवर। वह उनसे पढ़ना-लिखना सीखती रही। जैसे-तैसे आठवीं पास कर गई। बूढ़ी दादी ही उसकी सबकुछ थी। वह कभी पूछ न सकी कि वह किसकी संतान है, बूढ़ी के चार बेटे थे, उसी गाँव में उनके घर-बार। फिर वह बूढ़ी दादी की किस औलाद की औलाद है? सबकी बेरुखी से उसने जान लिया, वह कोई अनाथ अभागण है।

एक रोज़ अचानक, बूढ़ी दादी ने उसे समझाया कि उसके दिन अब यहाँ पूरे हुए। यह सुन कर वह तो घबरा ही गई! वह ना-ना करती रही, बूढ़ी दादी रोती रही वास्ता देती रही। पिछली रातभर वह सो न सकी। मुर्गा जिसे उसने पाला उसने बाँग दी तो वह रो पड़ी—ये भी पराया निकला। दादी ने पुरानी पेटी से निकाल कर मुड़े-तुड़े एक सौ आठ रुपए दिए। सुबह के दस बजते-बजते बूढ़ी दादी, वह और मनोहर माट्साब बस में साथ बैठ कर पास की तहसील में ले गए। वहाँ पशुमेला लगा था। धूल ही धूल उड़ रही थी। बैलों, गायों, ऊँटों, बकरियों और गधों के झुंड। बेचनेवाले और खरीदनेवालों के गुलाबी-पीले-नीले-सतरंगी पग्गड़ भी धूसर दिख रहे थे।

मनोहर माट्साब 'फ़लां गाँव के फ़लां मनख' सरवण को खोजते थे। दादी हर आदमी का मुँह ताकती और मना कर देती। ऐसे ही दोपहर बीत गई, शाम होने आई। मनोहर काका ने पच्चीस रुपए देकर एक छोरे को काम पर लगाया, तब जाकर वह खबर लाया। पीतल्या गाँव से उपसरपंच श्रवण भाटी आया था, नयी ब्याई भैंस और पाड़ी का मोलभाव तो दोपहर ही हो गया फिर वो सर्राफ़े की तरफ़ निकला, घर में किसी का शादी-ब्याह है, लाड़ी के लिए सोने का मांदल्या और चाँदी के कड़े खरीदे हैं। अभी रमेश कुमावत के ढाबे पर खाना खा रहा है फिर निकलेगा राणी सती के दरसन के बाद पैदल ही। उसके गाँव की तरफ़ बसें जाती नहीं, जीपें तो टूटी सड़कों की रेत में फँस जाती हैं। ऊँट गाड़ियाँ शाम के बाद चलती नहीं। बस ट्रेक्टर ट्रॉली चलते हैं, वो भी फसल के समय।

इतनी जानकारी मिलने पर बूढ़ी दादी ने उसे गले लगाकर, छाती पर पत्थर रखकर विदा ले ली। गले में अपनी चाँदी की मोटी हँसली डाल दी। कान में अपनी सोने की आठ आने भर की बालियाँ। वह ना–ना करती रही। बूढ़ी ने कसम खिला दी। ''काँचणी, तेरे आसरे मैं जी गई इतना, मेरे आसरे तू बेटा कितना रहेगी? मेरी और मसाण की दूरी अब कितनी? तू अब लौट जा अपने ठिकाणे। गोगा पीर भली करेंगे, तुझे तेरा ठिया मिल जाएगा। तू छोटे घर की नहीं है, कि भोट्ये खटीक्ये जैसे मजदूर तेरा रिश्ता माँगने आ जाएँ। तेरे खेत में काम करते हैं बावली भोट्ये जैसे दसेक।''

एक शाम के वक्त पिछवाड़े उस भोट्ये मजदूर से बात क्या कर ली उसने, दादी के बेटे उसे उससे ही मोल लेकर ब्याहने पर तुल गए थे। वह भी तुरन्त हज़ार रुपए गिनने लगा, दादी के बेटों के आगे। जबकि उसका उसकी किसी बात पर हँस देने के सिवा कोई अपराध न था। ऐसे में दादी ने उसे वापस जाने कहाँ और कौन से ठिकाने भेजने की ठान ली। जैसे वह कोई वनवासिनी राजकुमारी सियाकुमारी ही हो! उस रात संक्षेप में दादी ने कोई भयानक कहानी सुनाई। जो उसने यूँ सुनी कि किसी और की कहानी हो। जबकि यह उसकी अपनी असलियत थी, यह समझने में उसे बहुत समय लग गया। फिर जो उसका रोना शुरू हुआ थमा ही नहीं। वह तो कह भी नहीं सकी, ''दादी मेरी ज़िन्दगी

तेरा एहसान है, मैं तुझे क्या दूँ लौटाकर?'' मन्दिर में पहुँच कर भी बस रोती रही मुड़-मुड़ कर, दादी को खोजती-सी उसकी आँखें बह-बहकर सूज गईं।

मनोहर माट्साब उसे राणी सती के ताल के किनारे एक चौतरे पर बिठा कर दूर बैठ गए। पीली और धानी पाग में एक लम्बा-सा सतर आदमी मन्दिर के अहाते में घुसा। मूँछ की अकड़ और पाग के तुर्रे की अकड़ कोई ढीली न थी। तप कर गोरे से तांबई लाल हुई रंगत। छोटी तीखी बाज-सी आँखें। घमंड दिखाती नाक। मोटे होंठ। खेजड़ी के नीचे मुँह पर गमछा रखे हुए काका ने उसी की तरफ़ तर्जनी का इशारा किया। वह उस आदमी को एकटक देखती ही रह गई। पहले वह ताल की तरफ़ ही बढ़ा, वह धोती खोलने लगा तो वह पलट कर बैठ गई। आवाज़ों ने बता दिया कि उसने स्नान पूरा कर लिया था। थैले से पूजा का सामान निकाल कर घंटे भर तक राणी सती के मन्दिर में कर्मकांड करता रहा। कुछ देर पेड़ के नीचे एक घंटे नींद ली। मनोहर माट्साब उसे हाथ हिलाकर निश्चिंत होकर जा चुके थे। शाम ढल गई थी, रात करवट बदल रही थी। यह चौतरे पर स्थिर बैठी थक चुकी थी और रात की पहली ठंडी बयार चलने पर बालों की लट चेहरे पर छा गई थी और इसने क्षीण, सिमटी-सी अँगड़ाई लेकर पहलू बदला था। यही समय था जब सरवण ने इसको देखा था। चौंका था।

ज़मीन, जंगल सब बदलने लगा था। टूटी सड़क भी ख़त्म हो गई। पगडंडी, जिस पर वह चल रहा था, उसके दोनों तरफ़ लम्बे-लम्बे थूर के अनवरत जंगल शुरू हो गए। उसने काँटों के डर से पैर में पगरखियाँ डाल लीं। थूर का जंगल जहाँ ख़त्म हुआ, एक ओर फ़सल कटे खेत आने लगे। दूसरी तरफ़ सूखी घास का मैदान। इक्का-दुक्का गायें चराने वाले कच-कच करते मिलने लगे।

''वहाँ से हमारे खेत चालू होंगे।'' सरवण ने पीछे मुड़कर उसे बताया। उसके होंठ सूख रहे थे। मशक से उसने उसे पानी पीने को दिया, आखिरी ओक के पानी से उसने मुँह पखार लिया। धूसरित चेहरे से धूल धुलते ही, सुनहरी रंगत निखर आई, मांसल होंठ नम हो गए। आँखें पूरी खुल गईं। सरवण कितनी बार ठिठका उसके रूप को देख कर, फिर उसके बालकों जैसे मुँह को देख कर

उसकी अनजानी बदकिस्मती पर आह भर कर आगे चल पड़ा।

इस छोटी उमर की औरत को लेकर सरवण जब गाँव में घुसा तो उसके पीछे कुछ लड़के चलने लगे। उनके गाँव पहुँचने से पहले ही एक साइकिल सवार स्कूली छोरे ने गाँव लौट कर सरवण के किसी सुन्दर, कम उमर की औरत के साथ आने की बात फैला दी थी। पंद्रह मिनट लगे होंगे कि सारे गाँव में खबर फैल गई।

''मेले में भैंस बेचने के बाद उन पैसों से ब्याह कर लिया। छिः छिः बेटे का ब्याह सिर पर है, पहले खुद ही ब्याह कर लिया!''

''एक औरत रखैल खरीदी है, सरवण काका ने। उपसरपंची गई उसकी।''

यह ख़बर जब सरवण के घर पहुँची तो उसकी लुगाई छाती कूट-कूट कर रोने लगी। माँ को तड़पता देख जल्दी ही ब्याहने वाला लड़का ताव में आ गया। लाठी उठा ली।

''मेरा पूत है तो मत चढ़ने देना उस बाज़ारू औरत को मेरी मेढ़ी में।''

इस सारे तमाशे से कुछ आशंकित, कुछ अनजान सरवण एक भीड़ को धकेलता घर में घुसा। बेटा सामने आया तो उसने उसे धकिया दिया। युवती को तो तमाशा समझ एक भीड़ ने बाहर ही घेर लिया था। सरवण भीतर आँगन में खम्भे के आसरे सिर पर हाथ धर कर खड़ा हो गया।

''क्या भीड़ जमा कर रखी है बावलों? यह छोरी मेरी कोई नहीं है। बिना पैचाण राणी सती के मन्दिर से ही पीछे लग गई।''

लोग ऐसी बेसिर-पैर की बात पर क्यों विश्वास करने लगे? घर की औरत तो बिलकुल नहीं।

''इनके लक्खण कब सीधे थे। कभी वो रूपसिंह की राँड से चक्कर, कभी बूढ़े सरपंच की पतोहू से लाग-लपेट। किसलिए कोई औरत लारै लगेगी? लालच दिया होगा चाँदी की पायजेब का।'' कह कर सरवण की पत्नी मोगरा रोने लगी।

''सच कह रहा हूँ, सोहन की माँ। ये कुजात औरत मेरी कोई नहीं। खुद ही कोई पूछ लो जो ये बोले। रास्ते भर ये बोली ही नहीं। मैं तो पूछ-पूछ कर मर गया, न साथ छोड़े न कुछ बोले।'' भूखे सरवण को न खाना मिला न खाट।

वह लकड़ी के खम्भे से टिक कर, साफ़ा उतार कर पसर गया और कुघड़ी को कोसने लगा। उसकी लुगाई ने खपरैल वाली कोठरी बन्द कर बेसुरा लयबद्ध विलाप शुरू कर दिया।

~

सोहन और सुगम माँ के लाड़ले, बाप के खिलाफ़ पंचायत बैठाने चले। बड़े लड़के की बहू मैना ने सुध ली भीड़ में फँसी, तानों की मार झेलती, धक्का खाती उस अनजान युवती की। खुद घूँघट काढ़ा, लड़की के लुगड़े को भी ठीक करके घूँघट करा दिया और आगे बढ़ कर कन्धे से थाम कर उसे सुरक्षित औसारे में ले आई। पानी पिला कर कोने में बिठा दिया। कुछ देर में भीड़ लौट गई, घर के लोग एक तनाव में बन्द चाय सुड़क रहे थे। चाय के बाद सरवण की लुगाई ने बहू को हुक्म दिया कि इसे बाहर निकाल दे। जहाँ समझ आए इसे वहाँ जाए। लड़की के आँसू टप-टप गिर रहे थे बिन आवाज़।

"तू कौन है अभागी, बोल तो! अब मैं कुछ कर नहीं सकती, भगवान का ही आसरा है। सच ही तू कोई ठगिनी है क्या?"

उत्तर में लम्बी मछली आँखों में वो कातरता ले आई कि रास्ते भर और कुछ पूछ ही न सकी मैना। बस उसे मन्दिर के आगे छोड़ गई। वह धीरे से दीवार से सटते हुए, पाँच सीढ़ी छाया की तरह सरकती, खम्भे से लगी भीतर जा बैठी। पूरी रात की जागी क्लांत आत्मा ठंडे फर्श पर सो गई। जीर्ण मन्दिर के पुजारी एकाकी वृद्ध थे। श्रवण कुमार भाटी की कथा छोरों ने उन तक पहुँचा दी थी। श्री राधा-माधव को जगा कर, भोग लगा कर उठे, तो ठंडे फर्श पर सिकुड़ कर लेटी आकृति का केवल मैला गुलाबी ओढ़ना और मैल की चिरंतन दरारों से फटी एड़ियाँ ही दिखीं।

उस म्लान-क्लांत आकृति से कोई प्रभामंडल फूटा या भरम हुआ पुजारी को! उन्होंने सूजी के हलवे का प्रसाद दोने में भर, एक सकोरा दूध के साथ बगल में रख दिया। ज़रा-सी आहट से जागने वाले बिन माँ के मेमने-सी वह उठ बैठी।

"खा ले! पहले। फिर सुनें मरम कथा तेरी भी।"

~

गाँव के बाहर पालीवालों के कुएँ के सामने फैले पाँच बरगदों वाले छायादार हिस्से में गाँव की पंचायतें होती थीं। दोपहर ढली तो एक नई तरह की समस्या पर आपातकालीन पंचायत बैठी। सरवण अपनी बात पर अड़ा था कि यह कम उमर की लड़की मेरी कोई नहीं है। यह बिन बोले मेरे पीछे आ गई है। उसकी इस बात पर किसी को यकीन न था। लड़की का रूप ही माया है। फँस गया सरवण। झूठ पर झूठ बोल रहा है। खेतों–ढोर–डंगरों का काम छोटे लड़कों पर डाल कर बड़े पंचायत में शामिल हुए। मगर छोटे लड़के पंचायत में आने के लालच में काम भुला बैठे। कुछ बड़ों ने उन्हें गालियाँ दीं। अपराधिनी-सी पुजारी काका के पास बैठी उस युवती का लावण्य था ही ऐसा कि हर कोई रास्ता भूल जाए। गाँव के लड़के मँडरा रहे थे, उसके आस-पास। अश्लील फब्तियाँ कस रहे थे।

आदमियों की पंचायत में औरतें अमूमन नहीं आतीं, पर यह मसला तो लुगाई और सौत का था। सो आज बात बदल गई। आस-पास के पेड़ों की आड़ में घूँघट काढ़े गाँव की तमाम औरतें आ बैठीं।

सरवण की मूँछ आज कड़क नहीं थी, पाग का तुर्रा भी ढीला था। वह आज उपसरपंच की हैसियत खोकर सामने हाथ बाँध कर बैठा था, लड़की को खा जाने वाली निगाह से देख रहा था। लड़की पुजारी काका के पीछे कहीं विलीन हो जाना चाहती थी।

～

सरवण को पंचों की आज्ञा हुई कि राणी सती की सौगंध खाकर सच बता दे। उसने रात राणी सती के ताल के पास बैठी इस अकेली अपरिचित युवती से सामना होने से लेकर सुबह तक की सारी बात विस्तार से बता दी।

''इन बातों में राई-रत्ती झूठ नहीं। राणी सती, गोगा पीर मेरी रक्षा करो। यह कोई डाकण ही है कि मायाविनी, इसके चलते हमारे ब्याह वाले घर में इतना कलेश हुआ। मैं जवान लड़कों का बाप, इसे क्यों खरीद कर घर लाऊँगा? रखैल ही रखना था तो वहीं तहसील में रख छोड़ता, वहाँ मेरा महीने के महीने आना जाना, यहाँ किसलिए लाता? सच कहता हूँ पंचो, यह मेरी कोई नहीं। इसी से पूछ लो, ये बोले तो। न बोले तो लगाओ जूते, या रखो अंगारा इसकी हथेलियों पर।''

कह कर सरवण उठ गया और भीड़ में लौटकर आगे ही आगे सिर पकड़

कर बैठ गया। सभा का शोरगुल रोकने के लिए अस्सी साल का सरपंच दहाड़ा। लोग चुप हुए। उसने लड़की को बुलाया। सामने सभा के बिठा दिया। लड़की सिर झुकाए, फटा गुलाबी लुगड़ा माथे पर लिए। सिर घुटनों पर टिका कर बैठ गई। लीपा हुआ अहाता पैर के अँगूठे से कुरेदने लगी।

''देखो बेटी, सच बताना। सरवण ने जो बताया क्या सच है ?''

लड़की ने हाँ में गरदन हिला दी। शोर एकदम थम गया।

''तुम किस गाँव की हो ?''

लड़की ने बरगदों के नीचे की तरफ़ ज़मीन की तरफ़ अपनी उँगली सीधी कर दी।

''मतलब ?''

लड़की ने गाँव की बस्ती की तरफ़ इशारा किया।

''पीतल्या की हो तुम ?''

लड़की ने हाँ में सिर हिलाया।

''बोलती क्यूँ नहीं बेटी, तू गूँगी है क्या ?''

लड़की ने चेहरा ऊपर उठाया, आँसुओं से तर, और जल्दी-जल्दी तीन बार हाँ में गरदन हिला दी।

कच कच कच कच करके सहानुभूति की सिटकारियाँ बरगदों की आड़ में बैठी औरतों की तरफ़ से आईं। आदमी सन्नाटे में बैठे रहे।

॰

''यहाँ क्या सासरा है तेरा ? किस घर में ब्याव हुआ तेरा ?'' एक पंच ने पूछा, आशंका यह ठहरी कि बाल विवाह की कोई परित्यक्ता है। गूँगी निकलने पर गौना नहीं हुआ, सो सरवण के पीछे गाँव चली आई।

लड़की ने ना में सिर हिला दिया है। अब तो खुसुर-फुसुर बहुत बढ़ गई।

''बावली, तो यहाँ तेरा मायरा है क्या ?''

लड़की हामी में गरदन हिलाती चली गई। लोग सन्न !

''कौन है तेरा पिता ?''

लड़की ने सरवण की तरफ़ इशारा कर दिया। सरवण की लुगाई फिर एक आग में जली, कि किस सौतन की बेटी है यह ?

''और माँ तेरी कहाँ रहती है बेटी ?''

लड़की ने सरवण की लुगाई की तरफ़ हाथ उठा दिया।

''पंचों गुहार! गैली है यह छोरी, कोई ठगिनी है।'' सरवण की लुगाई घूँघट के अन्दर से चीखी।

॰

अस्सी साला सरपंच गोपाल भाटी दादा उठे। सतर लम्बे। सफ़ेद लम्बी फहरती दाढ़ी। वे कंचन के सिर पर हाथ फेरने लगे, फिर भीड़ की तरफ़ मुँह करके बूढ़ी हुँकार लगाई। वे बूढ़े बरगद से हिल रहे थे। सिर झूम रहा था बूढ़े दादा का। जैसे भाव आए हों कुलदेवी के। भीड़ की गुनगुन गुबार-सी उठी वो बोले तो गुबार बैठ गया।

''मैं बूढ़ा हो चला हूँ, पर मेरी दीठ अब भी सच देख लेती है। मेरा पड़ाव अब मसाण है सो कोई लोभ मुझे है नहीं। इसे ले आने में सरवण का दोष मुझे नहीं लग रहा। साथ ही यह गूँगी कन्या मुझे तो निर्दोष लगती है। बेटी बता तेरे साथ अन्याय क्या हुआ? तू सरवण के पीछे क्यों और कैसे आई? इशारों में सही सच बता, यह तो हमें जानना होगा।''

बेज़बान लड़की गों-गों कर ऐसा गूँगा विलाप करने लगी। भीड़ में बैठी औरतों की छातियाँ दरक गईं। कैसी तो उदासीन सज्जा, फटी ओढ़नी, रेत भरे बिखरे बाल, मैली एड़ियाँ! लेकिन उसकी सृष्टि तो मलिन सज्जा में ही खिलने के लिए हुई थी मानो। पर उसकी गो-गो कौन समझता?

''पंचो, इस लड़की से सत्य कहलवाना होगा चाहे इशारों में, चाहे जैसे। फिर जो सच सामने आए। यह अब गाँव की बेटी है, ठौर पाने तक मन्दिर इसका घर। मैं दोनों पक्षों को सात दिन देता हूँ। इस लड़की का बाल भी बाँका न हो। पंचो, मन्दिर के आस-पास नज़र रहे।'' कह सरपंच गोपाल दादा, पुजारी और लड़की के आगे काँपते हुए हाथ जोड़ कर खड़े हो गए। पुजारी ने गूँगी लड़की की तरफ़ आश्वस्ति से सिर हिलाया और झुकी बूढ़ी पीठ लिए चल पड़े, वह उनके पीछे। भीड़ तमाशा मज़ेदार न होने की निराशा में धूल उड़ाती पलट चली। अश्लील फब्तियाँ कसते लड़के खुद की निगाह में शर्मिंदा से होकर विलुप्त हो गए।

॰

ये सात दिन, गाँव के इन्हीं चर्चाओं-कुचर्चाओं में बीतने थे। यही गाँव नहीं, बात गाँव के बाहर चली गई थी। गाँव में ब्याह की सायतें भी चल रही थीं, बाहर गाँव के लोगों का आना-जाना लगा था। इस सब सगुन-सायतों के बीच कभी गूँगी लड़की लोगों को याद रहती, कभी भूल जाते। लेकिन गाँव के मर्म में एक काँटा तो बिंधा ही था। इधर...सरवण आग पर लोट रहा था। दो पंच उसके पक्ष में जमे थे, दो पंच सरपंची के दावेदार गोपाल काका की तरफ़ झुके थे। एक शाम सरवण ने बुला भेजे बाकी के दो भी—इंगलिश रम की बोतल रख कर बोला—''पंचो ये ज़्यादती है, न जाने किसकी औलाद मेरे माथे डाल रहे हो। इसने, गूँगी ने कह दिया और आँख के थोड़े आँधरे पुजारी ने, कि लड़की निर्दोष और सच्ची है, आप सब यह बात मान कैसे सकते हो? ऐसी-वैसी कोई बात तो हमारी ज़मीन पर गिरती परछाइयों ने कभी कुबूल नहीं की। फिर सबूत क्या?''

~

पंचायत क्यों मानेगी भई गूँगी की बात? पंचों के मगज में यह बात अटकी थी कि ऐसे बरसों बरस बाद लौटने लगीं, सिर पर चक्की के पाट जैसे बोझ सी, पाग के तुर्रे और मूँछ की ऐंठ में ढील डालती ये छोरियाँ, तो हो गयी गाँव की प्रमुख जात की गत! बात फैली नहीं होती, तब भी उतना मुश्किल नहीं होता लड़की, वो भी गूंगी को...।

''सरपंच जी ने बोला न...निपटाने की बात तो सोचना भी मत। बात गाँव के बाहर तक पहुँच गई है।'' एक पंच ने डराया। इतनी बड़ी बात तहसील-ज़िले तक न फैले इसलिए सब एहतियात बरतना चाहते थे, ''लड़की को सात दिन अपने पक्ष में फ़ैसले के बाद वापस वहीं, जहाँ से आई है फेरना ही होगा।''

~

वह भादू था, पढ़ा-लिखा कुम्हार युवक जो अपने स्कूल पढ़ाने जाता सुबह-सुबह। तब वह जाते हुए देखता मन्दिर के धुएँ-धुँधलके में गूँगी लड़की की देहाकृति को। वह सुबह-सुबह बुहार रही होती मन्दिर का लिपा अहाता। एक गूँगी का साहस उसे अचरज में डालता।

वह इस गाँव का नहीं था, न इस तहसील का। वह पंचायत समिति के एक अध्यापक वाले स्कूल में तैनात था। स्कूल का पीर-भिश्ती, खर-बावर्ची

सब कुछ वही। गाँव के बच्चे उसे बहुत पसन्द करते थे। बड़े एक ठंडी निगाह से ज़्यादा कुछ न देते। वह इस गाँव में लड़कियों की संख्या पर हैरान था। जितनी बड़ी जाति, बड़ा घर उतनी कम लड़कियाँ। वह एक बार घर-घर गया, लड़कियों को स्कूल भेजने के लिए जागरूक करने। अगले दिन ही धमकियों के मौखिक परवाने आ गए। वह चुप बैठ गया भुनभुना कर—दुनिया कहाँ की कहाँ जा रही है, इनका हाल आज भी यही।

तीसरे दिन वह हिम्मत करके नास्तिक होते हुए भी पंचांग पूछने के बहाने मन्दिर की सीढ़ी चढ़ गया। पुजारी सुबह की पूजा समाप्त करके बैठे थे चौकी पर, गूँगी लड़की उनको नाश्ता परोस रही थी, जो शायद उसने ही बनाया था। सांकेतिक मूक संवाद में कोई आत्मीय संवाद चल रहा था। पुजारी भोजन के स्वाद की प्रशंसा कर रहे थे। वह हँस रही थी, उसकी आँखें हँस रही थीं। भादू ने प्रणाम किया पहले पुजारी को, फिर लड़की को, वह संकोच में बस सिर हिला कर रह गई।

''आजा भादू बेटा। चल तू रस्ता तो भूला। नहीं तो तू और तेरी पाठशाला। बैठ, जा बेटा इसके लिए भी राबड़ी डाल ला। बहुत दिन बाद ऐसा स्वाद लिया मेरी रसना ने।''

''मैं तो भोजन करके ही निकला, किन्तु आप स्वाद की बात कह रहे हैं तो देखें...।''

वह तुरन्त एक पीतल के कटोरे में राबड़ी ले आई। पुजारी को यह उचित अवसर लगा, वे उठे और उन्होंने अपनी आरती और मंत्रों की तेल-सिंदूर रची कॉपी के फटे पन्ने पर ॐ लिखा और भादू से बोले—

''आज एक पुण्य का काम कर जा भादू, इसकी रामकहानी तो तूने सुनी होगी। इस अभागी का नाम कंचन है, इससे तू इसका पूरा बयान लिखवा, इशारों में थोड़ा जो मैं समझा वो बता देता हूँ, बाकी तू पूछ कर लिख इस कागज़ पर, ये भी लिखना जानती है। फिर तू सलाह देना कि फ़ैसला सही हो इसके लिए क्या करें?''

दोनों दोपहर होने तक मन्दिर की चौड़ी सीढ़ी पर बैठे। भादू ने जो भी लड़की से इशारों में निकलवाया था या कोयला दे कर सीढ़ी के फ़र्श पर लिखवाया था, खुद हाथ से कागज़ पर लिख कर, दो बार इसके आगे पढ़ कर पक्का किया। आज स्कूल छूट गया, वह कंचन के आग्रह पर दोपहर के भोजन के लिए रुक गया।

कहते हैं चोर बार-बार गुनाह की परछाइयाँ टटोलता है। सरवण मुँह पर फेंटा बाँध कर मन्दिर के आगे से गज़रा। गली से निकलते ही चौड़े, मोड़ पर से देख लिया उसने, लाल पत्थर की सीढ़ी पर गाल पर हाथ टिका कर, ठीक उसकी अपनी पत्नी मोगरा के मोहक अन्दाज़ में कंचन किसी आदमी की बातें गौर से सुन रही थी। उस आदमी की पीठ थी। छोरी की तीखी नाक, शहद के रंग की आँखें और गोरा माथा, ये सभी उसे अपना आईना लगे। ऐसी लम्बी काठी की छोरी तो किसी और...जल्दी-जल्दी चल कर उसने इस सोच से पीछा छुड़ाया तो दूसरी सोच साथ लग गई। वह मन्दिर के सामने था।

''ये इस भादूड़े की क्या बात सुन रही है? क्या सिखा-पढ़ा रहा है ये छोकरे जैसा मास्टर? कहीं लड़की को शीशे में तो नहीं उतार रहा? इतनी हिम्मत इसकी कि मेरी...हंह मेरी क्यों? मेरी होती तो इस तरह खुलेआम इस भादूड़े से...।'' सिर झटक कर, नाली में थूकने को हुआ कि उसके चेहरे पर लपेटा फेंटा खुल कर गले तक आ गिरा, ठीक उनके आगे। दोनों की नज़रें नीचे रास्ते पर ठिठके सरवण पर पड़ीं। भादू झेंप गया, उठने लगा। सरवण की चोर नज़र कंचन की कातर नज़र से मिली।

''करियो थारो काईं मैं कसूर?'' (मैंने क्या कसूर कर डाला तुम्हारा)

भटक कर घर लौटा सरवण तो कुलदेवी की पूजा के गीत गाए जा रहे थे। जाजम पर इकट्ठी लुगाइयाँ मंगलगीत गा रही थीं। पत्नी मोगरा का चेहरा जो कल तक जगर-मगर था, छोटके के ब्याह के उत्साह में, आज बुझा हुआ था। गोरे रंग पर राख। उसके कान बस विदा गीत सुन रहे थे—छोटी-सी उमर...करियो थारो काईं मैं कसूर? सरवण भी अनमना हो गया। कल लड़के का तिलक है। पूरी बिरादरी का जीमण होगा। लड़की के पैरों की बिवाइयाँ, फटा लुगड़ा और सुन्दर मगर उदास मुखमुद्रा उसके आगे कौंध गईं। उसे झुंझलाहट हुई, उसने खीज कर अपनी पगरखियाँ ज़ोर से पैर से उतार फेंकी और गहमागहमी से अलग भीतर कमरों की तरफ़ बढ़ गया। उसके आगे खाना लगाती बड़े की बींदणी को मना कर दिया।

''अभी नहीं।''

छोटे के तिलक की रस्म हो गई। कंचन दोनों पति-पत्नी की सोच में गोखरू की तरह अटकी रही। दोनों झुँझलाते रहे। सातवें दिन फ़ैसले का इंतज़ार दोनों पक्षों को था। इस पक्ष के आगे बचाव के सवाल थे। सबूत दो! गवाह लाओ!

उस पक्ष के पास मुकम्मल जवाब थे, पर जब ज़बान ही नहीं तो ? सातवाँ दिन आया, दोपहर ढले तक ठीक वैसे ही गाँव के बाहर पालीवालों के कुएँ के सामने फैले पाँच बरगदों वाले छायादार हिस्से में पंचायत जमी। लोग-लुगाई पहले से आ जुटे। पुजारी के साथ, अपना आँसुओं से धुला चेहरा लिए कंचन सिर उठाए, फटे लुगड़े को तरतीब से जमाए आ रही थी। उसके पीछे गाँव के वही छोरे भादू के साथ शान्त चले आ रहे थे। इस बार दो पत्रकार भी आ गए। चार पंच और एक नया नियुक्त युवा उपसरपंच और सरपंच गोपाल काका धीरे-धीरे आगे बिछी जाजम पर जा बैठे। गोपाल काका थोड़ा-सा ढले हुए से दिख रहे थे, चिरपरिचित हुँकार को विश्राम दिए।

उपसरपंच उठा—हाँ सरवण काका, आप पहले रखें अपना पक्ष।

सरवण अपने कुनबे के बीच बैठा था। उसकी पत्नी मोगरा घूँघट में से पुजारी के पीछे छिपी रुआँसी लड़की को देखे जा रही थी। दोनों बेटे शादी वाले घर में रुक गए थे। सरवण के दो भाई और जीजा साथ थे। बड़े वाले की बहू अपनी सास का कुछ ढीला स्वास्थ्य देख साथ चली आई।

सरवण उठा, पंचों को नमस्कार किया। बहुत विनम्र शब्दों में बोला—''घणी खम्मा! पंचो। मुझे क्या पक्ष रखना है, सारा गाँव जानता है पूरी बात कि कैसे सात दिन पहले इसी तहसील के एक गाँव से यह अनजान, बालिग गूँगी लड़की पशु मेले के बाद मेरे साथ चली आई है और इसका कहना है यह मेरी संतान है। मैं खुद उपसरपंच रहा हूँ, इस पंचायत का, जिसे सबूत और गवाहों की दरकार रहती है हर फ़ैसले में। मैं इनकार करता हूँ कि यह मेरी संतान है, है तो यह सबूत दे।''

उपसरपंच ने कंचन को उठाया—लड़की, सुन तो तुम लेती हो। सरवण काका ने जो कहा वह सुना होगा। क्या तुम अब भी यही कहोगी कि तुम सरवण की संतान हो ? सबूत क्या है तुम्हारे पास ?

पुजारी के इशारे पर कंचन ने उठकर अपना लिखित बयान पंचों के आगे कर दिया। जिसे युवा सरपंच ने पढ़ा—

''ईसवर समान पंचो,

कंचन कुमारी भाटी का खम्मा घणी। मैं जन्म की गूँगी नहीं हूँ। न मैं अनाथ हूँ। यह मेरी दादी ने बताया। मेरे हिस्से में मेरे पिता श्रवण कुमार भाटी की वल्दियत है। मेरी माता मोगरा देवी है। मैं इन दोनों की पहली संतान हूँ,

जिसे दाई भूरी दरोगा ने जन्म दिलवाया था। कन्या होने के कारण, मुझे एक थैली नमक के साथ भूरी को सौंप दिया गया। भूरी दाई ने, मेरे कंठ में नमक भर कर थूर के जंगलों में पटक दिया था। दूसरे दिन भूरी दाई अपनी विधवा ननद कौसल्या के साथ मुझे देखने आई, यह मेरा दुर्भाग्य था कि मैं तब तलक जीवित थी। अब तक मेरा लालन-पालन कौसल्या दरोगा ने किया है। जिनको मैं अपनी दादी समझती रही, अब वे अशक्त हैं मेरा पालन-पोषण नहीं कर सकतीं, इसलिए उन्होंने मुझे पशु मेले में आए मेरे पिता को खोज कर, मुझे उनके पीछे भेजा था। मैं माता-पिता होते भी अनाथ क्यों रही। अब फ़ैसला पंच करें कि मेरा ठिकाना कहाँ है? पिता का घर मेरा है कि नहीं?'' युवा सरपंच के इतना कहते ही कंचन के गालों पर आँसू ढलकने लगे।

पुजारी से रहा नहीं गया, वे उठे और अपने गम्भीर मगर डपटते स्वर में गाँववालों से बोले—

''कितना ही मूँछों पर ताव दे लो निपूतों! पता नहीं बीते कई बरसों तक उन थूरों के जंगल से गुज़रते तुममें से कितनों के पैर उन छोटे-छोटे नरमुंडों पर नहीं पड़े होंगे? पता नहीं, तब तुममें से कितनों की छाती दरकी होगी! कितनी बार पुलिस आई होगी और कितनी बार हम सब ने ज़बान पर जानते-बूझते ताले लगाए होंगे, क्योंकि भाटियों तो भाटियों, दूसरे किसानों-कुम्हारों का भी कोई-कोई ही घर ऐसा था जिसमें भूरी दाई के कदम न पड़े हों।''

जो भीड़ सन्न थी, अब पुजारी की डपट पर भीड़ में से एक भीगी, सहमी बेजार सहमति की 'हम्म हम्म' की गुनगुन उठी। सरवण के बेटे सुगम की बहू मैना का मन हुआ घूँघट काढ़े दौड़ पड़े कंचन की तरफ़। सरवण की लुगाई उस रूपसी बेटी को सन्निपात के मरीज़ की तरह देख रही थी। जिसे पहले सौत, फिर सौत की बेटी, ठगिनी क्या-क्या समझा, वो बहुत पहले गोद से छीन ली गई पहली संतान है? जिसके वियोग में काँचली बरस भर तर रही थी दूध से। उसे समझ ही नहीं आया कि वह करे तो क्या करे? वह फुसफुसाई—कितनी बेर तो सपनों में आई थी अभागी, मैं पैचाणी कैसे नी? नाक तो एकदम अपने बापू जैसी है। ऐसा भाव उमगा कि कोमल काकड़ी-सी, मतीरे की सुगंध वाली इस लड़की को अभी काँचली खोल कर दूध पिला दे। सन्निपात में ही डकराती वो उठी, घूँघटा फेंक के और खूँटा छुड़ा कर भागने को हुई नई ब्याही गाय जैसे, अपनी बछड़ी की तरफ़। लेकिन उसके देवरों ने रोक लिया।

सरवण फिर उठा—‘‘जोहार! यह लिखित एकतरफ़ा बयान मानेंगे उपसरपंच जी? पंचो कुछ तो बोलो। यह सरासर झूठ है।’’

सरवण की तरफ़ का एक पंच बोला—‘‘यह बयान तो एक तरफ़ा ही है, उपसरपंच जी। इससे कुछ साबित नहीं होता। मेरी मानें, इस लड़की को वहीं भिजवा दें जहाँ से आई है। न तो अब भूरी दाई जीवित है, उसकी ननद कौशल्या सच में है तो सामने आई क्यों नहीं?’’

एक पत्रकार आगे आकर प्रेस लिखा, टूटपूँजिया कैमरा लेकर कंचन के फोटू खींचने लगा। हर बार की तरह गाँव के छोरों ने न जाने क्यों उसको खदेड़ा नहीं।

तभी भादू उठा, उसने उपसरपंच को तीन और कागज पकड़ाए, उनमें एक दादी का अँगूठा लगा लिखित बयान था, दूसरे सरकारी अस्पताल के कागज़, जहाँ नवजात बच्ची कंचन का इलाज चला था। तीसरा जन्म प्रमाणपत्र जो भूरी दाई के हस्ताक्षर से बना था, जिसमें पिता का नाम दर्ज था—श्रवण कुमार भाटी

‘‘पंचो, कौशल्या दादी सच में हैं, वह बूढ़ी खाट से लगी है। तहसील से ग्यारह कोस आगे जोतसर ढाणी में रहती है। पुजारी जी ने मुझे भेजा, मैं खुद कल जाकर उनका अँगूठा लगा बयान लाया हूँ। ये दो कागज़ भी बूढ़ी ने दिए हैं। चाहें तो पंच उस बूढ़ी के बयान और तहसील में इन कागज़ों की, किसी को भेज कर तसदीक कर लें।’’

अब बात सिर पर से पानी की तरह गुज़र रही थी। सरपंच गोपाल काका उठे, उनकी हुंकार में दम लौट आया था—‘‘देख रे सरवण, इस गाँव में तोरण न बँधे, बारात न आए, भाटी मर्दों के सिर न झुकें ऐसी कोशिश करने वाला तू एकला तो नहीं ही है। हम सब दोषी हैं। सरवण, बेटी तेरी है, इसमें कोई दुविधा की बात ही नहीं अब तो। इसे तो तुझे रखना होगा ही, उस पर जुरमाने के तौर पर दस हज़ार रुपया पंचायत के लिए और पचास हज़ार रुपया कंचन के नाम पर तहसील पोस्ट ऑफ़िस में जमा कराने होंगे। तुझे समझ आता हो तो बता। मैं तो कहता हूँ आगे अब ऐसे न्याय पंचायत नहीं, पुलिस करेगी। लेकिन अब पुलिस आई तो पहला बयान मैं दूँगा, दूसरा पुजारी काका। यह पंचायत और बाकी पंच। बोलो मंज़ूर!’’

भीड़ ने फिर हुंकारा दिया, सहमति-असहमति के बीच का नपुंसक असमंजस में डूबा। सरपंच का संभावित फ़ैसला मानने न मानने का सवाल ही कहाँ? दसेक बरसों में तहसील में कानून कैसे तो कड़े हो गए थे कि उनकी सोच में जेल की सलाखें भी घूम गईं।

सरवण सिर हिलाता हुआ, अब तक सूखे-पत्ते सा काँप रहा था। अपने हाथ जोड़े उन्हें लगातार मल रहा था। सौर से लड़की छीन कर दाई को देने वाले यही हाथ थे। नमक की थैली के साथ, सौ के सात नोट गिनने वाले यही हाथ। ये मन और आँखें, जो तब भी नवजात से आँख चुरा रहे थे, जब वह पूरी मुट्ठी मुख में डाल चूस-चूस कर, पैर चला-चला कर माँ का दूध माँग रही थी और वह गला भर नमक उसके नाम कर रहा था। पिछली रात रास्ते भर भी तो वह उसके रूप और अपने मन के चोर के आगे आँख चुराता रहा।

⌒

वह अब भी आँख ही चुरा रहा था...बहू मैना और सास मोगरा एक साथ उठे और धीरे-धीरे कंचन की तरफ़ बढ़े, वह अकेला खड़ा रहा। भीड़ शोर मचाती, उसे धूल के गुबारों में छोड़ बरगदों से दूर होती गई। सब जानते थे, अस्सी साला सरपंच दूध में से पानी निथारू फ़ैसला दे चुके हैं। अब पंचों के इस निर्णय की अवज्ञा कौन कर सकता है? भीड़ छँट गई तो भादू ने पुजारी के पास खड़ी कंचन को देखा, उसकी आँखों में उजागर फड़फड़ाते कृतज्ञ मौन पर अपनी प्रेम और आश्वस्ति भरी मुस्कान रख दी। भादूराम मास्टर की चाल में आज दर्प था, वह चला तो उसके पीछे गुनगुन करते लड़के चले। तहसील के दो पन्ने के सांध्य अखबार वाले पत्रकार ने कागज़ पर बुरी हस्तलिपि में लिखा, 'एक अनोखा फ़ैसला' और साइकिल पर चढ़ धूसर में वह भी गायब हो गया। पुजारी जी, आज अपने राधा-माधव को सुलाना भूल गए थे। जब वे मन्दिर की तरफ़ बढ़े, पहली बार उनके रीते जीवन में एक खुशी की छाँव उनके पीछे-पीछे चली।

समुद्री घोड़ा

वह दोनों तरफ़ से अँधेरे, अधर में लटके किसी रस्सों से बने पुल पर भाग रहा था। डगमग झूलता हुआ। जिसके एक ओर से कुत्तों का झुंड उस पर भौंक रहा था, दूसरी तरफ़ कुछ अजब आकृतियाँ फुसफुसा रही थीं कि वह फुसफुसाहट डर पैदा करे। उसके हाथों में धड़कता हुआ कुछ था। माँस की कई-कई परतों के बीच लसलसे पारदर्शी द्रव और खून सना कोई अटपटा और छटपटाता घायल जीव!

वह जीव हिला और उसके हाथ से छूट कर अँधेरे पानियों में जा गिरा, छप्प! और उसकी नींद एक झटके से उचट गई। रीढ़ में कंपन उसे देर तक महसूस हुए, उसके बाद कुछ पल को पेट के निचले हिस्से में हल्का दर्द हुआ, ठीक हो गया। उसने उठकर पानी पिया। उसकी धड़कनें बामुश्किल काबू में आईं, उसने वह सपना ज़हन से झटक दिया।

~

बाहर बालकनी में हल्का उजास फैलने लगा था। उठ कर उसने वॉशिंग मशीन चला दी और अपने लिए माइक्रोवेव में चाय बना कर ले आया। बिस्तर पर बैठ कर कुछ नई आई ई-मेल्स देखने लगा। उसने बगल में बेसुध पड़ी रौद्रा को अभी जगाना मुनासिब नहीं समझा। वह कल सुबह नौ बजे की निकली दस बजे लौटी है काम से। रौद्रा के गोरे भारी चेहरे पर थकान दिख रही थी। उसके ऊपरी होंठ की रोमावलि पर तापमान संतुलित होने पर भी पसीने की बूँदें जमी थीं।

''यह आजकल कुछ आक्रामक ढंग से आत्मविश्वासी दिखने की कोशिश में लगी है, मैं जानता हूँ यह दबाव में है। कुछ है जो इसे परेशान कर रहा है।

इसकी कंपनी का सी.ई.ओ. बहुत बड़ा टास्क मास्टर है। उस पर कंपीटिशन इतना कि हर व्यक्ति उसकी जगह लेने को तैयार, वह है कि हर सप्ताह अधिक काम और रिज़ल्ट लाकर ज़्यादा से ज़्यादा पॉइंट कमाना चाहती है, ताकि पिछले दो साल से पीछे छूटने का गैप भर सके।''

'अह!' वह तो कॉरपोरेट में बदल चुके मीडिया की किसी भी रेस में नहीं शामिल! वह तो कब का बाहर हो चुका। वह उतना ही कमाता है जितने से उसके अपने बिल्स और इस घर के खर्च निकलते हैं। घर का खाना बना, गैजेट्स की मैंटेनेंस कर, लॉन्ड्री और वैक्यूम क्लीनिंग का काम खुद सँभालकर वह अतिरिक्त पैसा बचा ज़रूर लेता है।

~

एक हादसे ने कितना पीछे कर दिया दोनों को। दो साल सामान्य होने में लग गए। अस्पतालों के बिलों ने जमापूँजी सारी खा ली। हैल्थ इंश्योरेंस ने उनको कुछ उबार लिया, कुछ उसके पिता की छोड़ी पूँजी ने।

हाँ, जिस कॉरपोरेट की दुनिया की चूहा-दौड़ से वे बाहर छिटक गए थे, रौद्रा ने तो स्वस्थ होकर, फिर से सबसे पीछे लग कर भी दुबारा उस रेस में शामिल होना मंजूर कर लिया। वह कल के छोकरों के पीछे लगने के लिए अपना अहम कुचल नहीं पाया।

~

यूँ नास्तिक रहा है वह अब तक, फिर भी शुक्र अदा करता है किस्मत का। वरना वह सड़क हादसा उनकी जान ले सकता था, रौद्रा के घर मेरठ से लौटते हुए हाईवे पर एक विशालकाय दो रेल के डिब्बों जितने बड़े ट्रक ने ग़लत साइड से ओवरटेक किया और एक हल्की टक्कर में ही इनकी कार को एक साइड से खिलौने की तरह पिचकाता हुआ गुज़र गया। गाड़ी की हालत देख कोई नहीं कह सकता था कि वायव की बस एक पसली टूटी होगी, रौद्रा को ज़रूर ज़्यादा चोट आई, कार की बायीं खिड़की वाला मैटल पिचक कर उसके निचले धड़ में धँस गया था। वे शहर के नज़दीक ही थे, सो उन्हें तुरन्त मैडिकल हॉस्पिटल पहुँचाया गया। रौद्रा की रीढ़ में रॉड्स लगीं और लगभग नष्ट गर्भाशय बाहर निकाला गया। बाद में पता चला कि वायव की टूटी पसली तो दाएँ फेफड़े में

जा धँसी थी, उसके फटे हुए फेफड़े को तुरन्त निकाल दिया था और साँस नली का दायाँ हिस्सा क्लिप कर दिया। वे तीन महीने हॉस्पिटल में रहकर घर आ गए थे और वह एक फेफड़े से दस महीने तक काम चलाता रहा जब तक उसे डोनर नहीं मिल गया।

सच पूछो तो ज़िन्दगी ने बहुत बड़ा झटका दिया था। दोनों की नौकरियाँ छूट गई थीं। रौद्रा एम.बी.ए. है, सो उसे दुबारा जमने में दिक्कत नहीं हुई। वायव पत्रकार और न्यूज़ फ़ोटोग्राफर है, सो अब फिर उस तरह जमने में उसे समय लगा, लेकिन वह फ्रीलांस अच्छा काम कर रहा था।

उस हादसे ने इस तरह दहला दिया था कि उन्हें हर महीने मनोचिकित्सक के पास बैठक के लिए जाना पड़ता था। रौद्रा का सदमा बड़ा था, क्योंकि उसने बच्चा पैदा करने की क्षमता लगभग खो दी थी। लेकिन वह इस विषय पर चुप है, कुछ जताती नहीं। शायद अब वह इस विषय पर बात करना ही नहीं चाहती। ठीक ही है।

मनोचिकित्सक कहता है कि रौद्रा सहज संयत है, उसे नियमित सायकियाट्रिक सैशन और दवा की ज़रूरत अब कम होती जाएगी। वह भी लंग ट्रांसप्लांट से रिकवर होकर सहज और संयत हो चला था, मगर अचानक...ये सपने। उसने एक रोज़ मनोचिकित्सक को बताया।

''मुझे बहुत भीषण सपने आ रहे हैं पिछले दो महीनों से। सपने भी ऐसे कि जो मुझ पर गुज़रते महसूस होते हैं, एकदम सच से। मसलन भागूँ सपने में तो जागने पर थकान रहे।''

''कैसे सपने, बताओ ज़रा'' मनोचिकित्सक ने उसके ब्लड में कैमिकल्स की रिपोर्ट देखते हुए पूछा। उसने बताया कि कभी वह बेतहाशा भागता है, सपनों में संकरी गलियाँ, बेतरतीब मकान, एक मकान में घुस कर दूसरे में निकलता है, लोगों से टकराता है, सीढ़ियाँ फलाँगता है, छज्जों से कूदता है, मस्जिद में, गुंबदों पर चढ़ छलाँग लगा देता और अचानक पंख से लग जाते हैं और वह उड़ता है पहाड़ों के पार।

कभी वह बीहड़ जंगल में किसी गुफ़ा के कोने में हाँफ रहा है, बाहर कुछ भेड़िए ज़मीन कुरेद रहे हैं, पंजे फटकार रहे हैं, अजीब कराहें और चीख़ें।

वह धँसता जाता है गुफ़ा के भीतर, भीतर अँधेरों में और वह घुस जाता माँस-मज्जा, रक्त और म्यूकस की लिबलिबाहट में। किन्हीं पारदर्शी झिल्लियों में फँसा।

कभी वह निचले पेट में दर्द महसूसता है। वह बाथरूम ढूंढ़ता है, बेइंतहा गन्दे बाथरूम, मल के ढेर पार करके एक बेहद गन्दे कमोड पर हिम्मत करके बैठता है, बहुत देर की रोकी पेशाब की हाज़त से निज़ात पाता है, करता है तो करता चला जाता है, करता चला जाता है...नींद खुलती है तो बिस्तर गीला।

उसके कुछ और टेस्ट हुए और उसकी दवाएँ बढ़ गईं। मगर सपने हिंसक और अश्लील होते चले गए। वह नींद में गोंगियाने लगता था। छटपटाता था, रौद्रा को जकड़ता था। वह कई गन्दे दिखते लोगों को अपनी तरफ़ झपटते पाता। वह अपने को मीलों नंगा दौड़ते पाता। ज़्यादातर सपने वह सुबह भूल जाता, मगर उन सपनों की पीड़ा मन में धँसी रहती। कसैलापन ज़बान पर रहता। सुबह इतना थका होता था कि वह काम के लिए निकल नहीं पाता था।

वह रौद्रा के लिए दिन-ब-दिन आतंकित रहने लगा। उसने उसको दफ़्तर में हर रोज़ शाम छः बजे के बाद फ़ोन पर परेशान करना शुरू कर दिया।

''सुनो, शाम के छः बज गए हैं, तुम घर लौट आओ।''

''वायव, मैं आठ से पहले कब घर लौटती हूँ? आज तो संभव ही नहीं। नौ बजेंगे।''

''भाड़ में जाए, छोड़ दो यह नौकरी।''

''पागल हो? जानते-बूझते यह कह रहे हो?''

वह सुबह जब घर से निकलती, तब भी वह अटपटी बातें करता। उसके कपड़ों को देख कर बदलने के लिए कहने लगता।

''स्लीवलैस मत पहना कर यार, मर्दों की गंदी नज़रें पड़ती हैं। बदलो अभी।''

''स्कर्ट मुझे पसन्द नहीं रौद्रा। लड़कियों की टाँगें देख लड़कों को तरह-तरह के विचार आते हैं।'' वह कभी उसकी ज़िद पर कपड़े बदल लेती, कभी टाल कर निकल जाती घर से।

''वायव! तुम कितना बदलते जा रहे हो! तुमको क्या हो रहा है? ये तुम

ही हो न? तुमने ही तो लाकर दी थीं ये ड्रेसेज़। पहले तो तुम ऐसा कभी नहीं करते थे, बल्कि तुम कहते थे—कॉर्पोरेट्स में मर्दों का लड़कियों को छू कर बात करना आम बात है, लड़कियों को इतना छुई-मुई नहीं होना चाहिए। लड़की को खुद को केवल लड़की ही नहीं, बल्कि एक व्यक्ति मानना चाहिए, अपने मादा होने के एहसास को लड़कियाँ पहले उठाकर, ताक पर रख दें तो लड़के भी सहज व्यवहार करने लगेंगे, आजकल चला है न बराबर से मनुष्य बन जाओ! तो क्विट जेंडर आईडेंटिटी बी इक्वल। यही कहते थे ना?''

''हाँ, मगर...''

एक सुबह तो हद हो गई। उस दिन रौद्रा को लम्बी सिटिंग करनी थी दफ़्तर में, उसने एक बिना बाँह की डेनिम की आरामदायक मिडी ड्रेस पहन ली।

''सुनती नहीं हो न मेरी, किसी दिन तुम्हारा गैंग रेप होगा।''

''क्या बक रहे हो वायव?'' रौद्रा ने हाथ के गिलास की तली में छूटा पानी उसके चेहरे पर गुस्से में फेंक दिया। गुस्सा जायज़ था, पानी भी बहुत कम था। वह बिफर कर दीवार से सिर टकराने लगा।

''सुनो मेरी! मेरी बात सुन लिया करो।'' रौद्रा को यह नाटकीयता बहुत अजीब लगी, वह दरवाज़ा पटक कर निकल गई। उस रात जानबूझ कर डिनर बाहर कर के आई। वायव ने गुस्से में पूरा हफ़्ता बात नहीं की उससे।

इस बात को कुछ दिन ही बीते होंगे कि उसे अपने दफ़्तर में वायव के दोस्त का फ़ोन आया कि वो पुलिस स्टेशन में है। डीटीसी की बस में वायव ने एक लड़के को पीट-पीट कर घायल कर दिया, क्योंकि वह लड़का कोहनी से एक लड़की का सीना बार-बार छूकर, दूसरे लड़के को आँख मार कर बता रहा था अपनी उपलब्धि।

''सालो, कितना सहेंगी लड़कियाँ, ज़माना हो गया तुम्हें यह सब करते हुए?'' वह यही बड़बड़ा रहा था। बात किसी तरह बिना पुलिस केस बने सलटाई गई और वायव बहुत देर बाद घर लौटा।

शाम को रौद्रा और वह, दोनों अपने बेडरूम में थे, तब रौद्रा ने उसे प्यार से छुआ तो वह रो पड़ा।

''मुझे समझ नहीं आ रहा। मुझे क्या समस्या है? मैं क्या बहुत बुरा व्यवहार कर रहा हूँ तुमसे? कल फिर मैंने सपना देखा, बहुत सारे नंगे, ज़लील मर्द मेरे पीछे और मैं सलवार में उलझ कर गिर पड़ा हूँ, वो दबोच रहे हैं...।''

"सलवार?" रौद्रा चौंक गई, उसके पसीने में डूबे चेहरे को देखा, क्या इसकी पर्सनैलिटी ट्रांसवेस्टाइट* में तब्दील हो रही है?

"पता नहीं, फिर पैंट होगी।" वह उसे अपने को ऐसे देखते हुए सकपकाया। पास पड़ी स्माइली सिलिकॉन बॉल से खेलने लगा और चुप हो गया। रौद्रा भी चुप होकर खिड़की के बाहर मटमैले हो चले शाम के धुंधलके को देखने लगी, सड़कें जाम से त्रस्त खामोश हो हरी बत्ती का इंतज़ार कर रही थीं, हरी बत्ती हुई, शोर चालू हुआ तो वायव बोला—

"सच कहूँ मैं खुद को औरत ही पाता हूँ सपनों में। भागती औरत के उछलते, दर्द करते सीने को महसूस करता हूँ। दबोचे जाने का डर...कहते हैं सपने बता दो तो वो नहीं आते, मैं तुमको हर सपना बता कर उनसे पीछा छुड़ाना चाहता हूँ। लेकिन वे एपिसोड-दर-एपिसोड किसी क्राइम सीरियल की तरह आते चले जाते हैं। यह सीरीज़ कब ख़त्म होगी रौद्रा? परसों तो मैंने खुद को साड़ी में झाड़ियों में गिरते देखा। एक भीड़ को खुद पर टूटते। यह सब क्या है रौद्रा? क्या मैं संतुलन खो रहा हूँ? मैं जाँघों में दर्द महसूस करता हूँ, टीस...खरोंच।"

"डॉक्टर, वह समझ नहीं पा रहा है लगातार एक ही पैटर्न के अपने भयानक सपनों की वजह। वह परेशान है बहुत।" रौद्रा ने अगली सुबह सायकियाट्रिस्ट को फ़ोन करके कहा तो डॉक्टर ने वॉर्ड में भरती कर, कुछ दिन ऑब्ज़र्वेशन में रखने के लिए कहा। उसने वार्ड में एडमिट होने के मुद्दे पर भी आनाकानी की। उस रोज़ कातर होकर उसने रौद्रा से माफ़ी भी माँगी, लेकिन रौद्रा बहुत चिंतित थी, उसके एक सौ अस्सी डिग्री पर आकर बदलते व्यक्तित्व से। रौद्रा के बहुत समझाने पर वह मैडिकल कॉलेज के मनोचिकित्सा वॉर्ड में भर्ती हो गया था।

वह एक ही सवाल कर रहा है हर बार, अपने डॉक्टरों से कि वह हर बार बेतहाशा कराहता क्यों भागता चला जाता है? ये कौन-से जंगल हैं? जिनके रास्ते इतने पहचाने हैं कि वह रोज़ बिना भूले, हर पगडंडी सही पकड़ता है, जो गुफ़ा की तरफ़ जाती है। अन्त में गुफा में जा दुबकता है? यह कौन-सा डर है?

रौद्रा ने मनोचिकित्सक से, न्यूरॉलॉजिस्ट से बात करने की सलाह माँगी कि कहीं दिमागी चोट न लगी हो। मनोचिकित्सक ने न केवल न्यूरॉलॉजिस्ट, बल्कि

*ऐसे पुरुष जो स्त्रियों के कपड़े पहनना पसंद करते हैं।

वायव का लंग ट्रांसप्लांट करने वाले सर्जन के साथ भी मीटिंग तय कर ली। वायव के कई टेस्ट हुए और फिर अगली-पिछली सारी दूसरी शारीरिक और न्यूरॉलॉजिकल जाँचों के नतीजों को देखा गया। रोड एक्सीडेंट में सिर पर तो बिलकुल चोट ही नहीं थी। उन दोनों के ही शरीर के छाती से निचले हिस्से दबे थे कार के पिचके हिस्से में। दोनों होश में थे, मानसिक तौर पर भी वह किसी क्लीनिकल अवसाद में नहीं था, न वह जागते हुए किसी भ्रम में रहता। बस सपने ही थे जो रोज़ उसे परेशान कर रहे थे। इन सपनों ने ही उसे असामान्य अस्वस्थ बना दिया था।

मनोचिकित्सक के साथ न्यूरॉलॉजिस्ट और सर्जन के साथ हुई तीसरी मीटिंग में जाकर निकले कुछ तथ्य, उनमें कुछ अजीब से थे। उनसे जुड़ी सम्भावनाओं में से एक को सुनकर सब चौंक गए। क्या ऐसा भी सम्भव है? ऐसा कहीं सच में होता है? नए-पुराने मैडिकल जर्नल्स में ऐसे कुछ केस दर्ज तो हैं। या यह एक दूर की कौड़ी ही है, जिसका वास्तविकता से कोई लेना-देना नहीं। कुछ ऐसी वायवीय वास्तविकताओं पर मैडिकल साइंस भी यकीन करती आई है। क्या कोशिकाएँ भी स्मृतियाँ सहेजती हैं? मृतकों के जीवित अंगों की कोशिकाएँ अपने साथ स्मृतियों का कोष लाती हैं? माइक्रोस्कोप से दिखने वाली कोशिका जिसका चित्र हर छठी कक्षा का बच्चा बनाता है! वह स्मृतियाँ कहाँ होती होंगी? जीवद्रव्य में? माईटोकोंड्रिया में? रिक्तिकाओं में तो कतई नहीं। तो फिर क्या आर.एन.ए. या डी.एन.ए. में? करेक्ट! डी.एन.ए. में जब पुरखों का जीनपूल सुरक्षित रहता है तो यादें...।

वायव का केस क्या सेल्यूलर मैमोरी (कोशिकीय स्मृति) का मामला था? क्या ट्रांसप्लांटेड अंग की कोशिकाओं की स्मृतियों में अंगदान करने वाले की ज़िन्दगी का कोई हादसा क़ैद था?

''यह स्कैप्टिकल हायपॉथिसिस (काल्पनिक अवधारणा) है। पुनर्जन्म जितनी ही हवाई है। इससे जुड़े संयोग बहुत हैं पर कोई मुकम्मल, मान ली गई रिसर्च नहीं है।'' न्यूरॉलॉजिस्ट बोला।

''इतनी तकनीकी के बावजूद हम मौसम तक का तो हू-ब-हू अन्दाज़ लगा नहीं पाते। लेकिन इस बात का दम्भ भरते हैं कि हमने अन्तरिक्ष की व्याख्या कर ली है। मस्तिष्क मनुष्य का अन्तरिक्ष है। जब न्यूरॉलॉजिस्ट ही नहीं समझेंगे इस बात को...'' अधेड़ सर्जन बड़बड़ाया।

''क्या इनको बताया गया था कि वह कौन डोनर था जिसका लंग ट्रांसप्लांट इनको हुआ। हो सकता है कोई मन की ही काल्पनिक उड़ान हो। ट्रांसप्लांट ऑपरेशन के बाद मरीज़ इस उलझन में तो पड़ता है कि उसको जाने किसका अंग लगा है, वह मरा कैसे होगा, वह कैसा रहा होगा, इस सब सोच की कड़ियों में कई बार अवचेतन चीज़ें गढ़ने लगता है। क्या इनको पता है कि डोनर कौन था?'' सायकियाट्रिस्ट ने सर्जन से पूछा।

''नहीं। नैतिक रूप से बताया नहीं जाता।'' सर्जन ने बताया।

''तो आपको पता था डोनर कौन था? उसका बैकग्राउंड?'' न्यूरॉलॉजिस्ट अधेड़ सर्जन को सनकी मानते हुए, निचला होंठ चबाते हुए एक झटके से बोला।

''हाँ, डॉ. इसाक़ संयोग से उस लड़की के तीनों अंग मैंने और मेरी टीम ने निकाले थे। जो अलग-अलग लोगों में ट्रांसप्लांट हुए। वह लड़की पुलिस द्वारा मेरे पास कोमा में लाई गई थी। जिसके सिर में चोटें थीं, उसके जिस्म से बहुत ज़्यादा खून बह चुका था, उसकी हल्की साँस लेती बॉडी का कोई वारिस नहीं था। मुझे यह भी पता है, वह लड़की मानव तस्करी में अनाम और लापता हुई थी। उसका गैंगरेप हुआ था। उसके जननांग बुरी तरह क्षत-विक्षत थे। वह देखने में आदिवासी लड़की थी। गोदनों से भरी देह। वह पंद्रह दिन हमारे आई. सी.यू. में कोमा में रही थी, जिसकी मस्तिष्क के काम करना बंद करने के बाद हमने उसकी एक किडनी एक बच्चे को लगाई, लिवर एक कैनेडियन महिला को भेजा जो वहीं ट्रांसप्लांट हुआ था। उसका एक फेफड़ा हमने लम्बी वेटिंग के बाद वायव को ट्रांसप्लांट किया था।''

''माना, लेकिन आप कैसे कह सकते हैं कि इस लड़की के साथ हुए हादसे ही सैल्युलर मैमोरी के ज़रिए वायव के सपनों में पहुँच रहे हैं?''

सायकियाट्रिस्ट चकराया, ''यह कोई दिमाग़ी कैमिकल रिएक्शन भी तो हो सकता है या फिर कोई अज्ञात मनोवैज्ञानिक डर, हादसे और ऑपरेशनों से गुज़रने के बाद का। या डोनर को लेकर मरीज़ के अवचेतन की अटकलें!!''

''देखिए हम सिर्फ़ सम्भावना की बात कर रहे हैं। हार्ट ट्रांसप्लांट के मसलों में लोगों का पूरा व्यक्तित्व बदल जाने के कई-कई केस मैडिकल जर्नल्स में लिखे हैं।'' सर्जन एक उम्रयाफ़्ता, खुले दिमाग़ का ईश्वर, दुआओं और चमत्कारों में विश्वास रखने वाला बन्दा था। वह ऐसे वैज्ञानिक चमत्कारों में खूब रुचि लेता था।

न्यूरॉलॉजिस्ट अपनी रिपोर्टों पर साईन कर, सिर हिला कर कॉन्फ्रेंस रूम से बाहर निकल गया। रौद्रा हैरान-परेशान बैठी थी। सायकियाट्रिस्ट ने सर्जन से कहा-फिर भी उसे काउंसलिंग की ज़रूरत तो पड़ेगी। आप यकीन से कह सकते हैं कि...।

''देखिए डॉ. जेना, मैं पुरानी प्रचलित अवधारणाओं को मानने वाला डॉक्टर हूँ। सौ प्रतिशत यकीन, जैसा हमारे यहाँ किसको किसमें होता है, हाँ, मैं मानता हूँ कि हर कोशिका का अपना इतिहास होता है। उसकी बनावट उसे विरासत में मिलती है, यह विकसित होती है, बँटती है, कभी एककोशीय जीव बनकर रहती है तो कभी मनुष्य जैसे जीव का भ्रूण बनकर असंख्य संख्या में, हर जीवित कोशिकाएँ इस पूरी प्रक्रिया को एक से आगे दूसरी में बढ़ाती हैं। सभी लगभग हर प्रक्रिया का स्मरण रखती हैं। तभी तो वे अपनी भूमिका का सही-सही निभाव करती हैं। वे एक इतिहास वहन करती हैं, कहाँ से आरम्भ हुई, कहाँ अन्त होना है। यही वजह है कि जब हम किसी नितान्त अनजान के चेहरे को देखते हैं तो हमारे दिल की सैल्युलर मैमोरी कहती है, लो हम फिर मिल ही गए! क्योंकि हर जीवित कोशिका के पास उसके पुरखों के संघर्षों का इतिहास है। एक किस्सा तो मेडिकल मिथकों में यह भी है कि एक बन्दे की रहस्यमय मौत हुई, उसका हार्ट एक-दूसरे मरीज़ को ट्रांसप्लांट हुआ। वह मरीज़ जब स्वस्थ होकर घर पहुँचा तो उसे उस व्यक्ति के क़त्ल के सपने यूँ आते थे कि सब कुछ उसके साथ घट रहा हो। वह पुलिस के पास पहुँचा और जो सपने बारीकी के साथ उसने बताए, उससे बन्दे के कत्ल का पर्दाफाश हो गया। यह किस्सा नब्बे प्रतिशत गढ़ा भी गया हो तो दस प्रतिशत सम्भावना फिर भी बचती है। दुनिया ज़माने के मैडिकल साईंसदां विशेषज्ञ प्राकृतिक चमत्कारों में यकीन रखते हैं, मानव शरीर और दिमाग की अज्ञात शक्तियाँ बहुत हैं। हर साधारण डॉक्टर और सर्जन के पास अपने ऐसे कई-कई किस्से मिलेंगे। मेरे हिसाब से इनके लिए काउंसलिंग से ज़्यादा बीतता समय ही दवा का काम करेगा।

सायकियाट्रिस्ट भी उस अधेड़ सर्जन से प्रभावित-सा लगा। वह सोच में डूबा हुआ था।

''क्या इस सैल्युलर मैमोरी के हल्की होकर ख़त्म होने की सम्भावना नहीं होती ?'' रौद्रा ने पूछा।

''हाँ होती है, समय के साथ जब पुराने लिखे पर नया लिख दिया जाए।''

रौद्रा की निगाह में भी यह बात अजीब-सा संयोग ही था। पुनर्जन्म की याद-सा। सर्जन उनको एक असमंजस में छोड़ चला गया। उसने और सायकियाट्रिस्ट ने वायव से यह बात छिपाने का निर्णय ले लिया।

''कोई मतलब नहीं उसके मन में एक वहम और और सपनों में एक और ख़लल डालने का।''

''हाँ, मैं इन सपनों को वहम या मतिभ्रम नहीं कह सकता। इसलिए नींद लाने वाली दवाओं, हादसे के असर को कम करने वाली दवाओं को ही चलाए रहना होगा। यह डिप्रेशन भी नहीं है, बस हादसे का ही असर है या कौन जाने सर्जन का कहा ...आप इन्हें दो तीन दिन बाद घर ले जाएँ।''

अस्पताल में गुज़री उन दो रातों में, एक रात वायव को सपने में नाभि में चाकू गड़ने जैसी टीस उठी। वह नींद में ज़ोर से इतना चीख़ा कि वार्ड के स्टाफ़ को उसे इंजेक्शन देकर फिर सुला देना पड़ा। सुबह उठा तो उसे बेतहाशा किसी स्त्री की गोद की ज़रूरत हुई। उसने कॉल किया।

''रौद्रा।''

''वायव! मैं पहुँच रही हूँ तुम्हारे पास। मुझे तुम्हारी चिंता है, मुझे तुम्हारे सायकियाट्रिस्ट की भी कॉल आ गई है।''

''रौद्रा, कितना उलझा हुआ व्यक्ति हो गया हूँ न मैं। कल रात मुझे लगा कि कोई अपना लिंग मेरी नाभि में गाड़े दे रहा है, वहाँ से खून के फ़व्वारे छूट रहे हैं। पता नहीं, मैं यह सब क्यों देखता हूँ। सुनो, मुझे घर चलना है।''

''चलेंगे घर वायव, आज ही डॉक्टर ने डिस्चार्ज को बोला है। दवाएँ लम्बी चलेंगी पर तुम कोशिश करो अब काम में जुटने की, हम जिम जाया करेंगे, ताकि थक कर सो जाओ तो ऐसे अटपटे सपने न आएँ।''

⌒

वायव को, अस्पताल से लौट कर आने पर या तो बुरे सपने आने बन्द हो गए या दवाओं के असर से याद रहना ही बन्द हो गया। बल्कि धीरे-धीरे उसको

सपने बिलकुल आने बन्द हो गए। मगर एक खिलंदड़ा लड़का संजीदा हो चला था, उसका आलसीपन मेहनतकशी में बदल गया। उसके तटस्थ चेहरे को देख रौद्रा कभी-कभी चौंक जाती। हालाँकि ऑपरेशनों और हादसे से उनका दांपत्य अदैहिक हो चला था। लेकिन वे एक-दूसरे को बेहद प्यार करते थे, सो और युवाओं की तरह एक-दूसरे को हर पल चूमते और सहलाते रहे थे। अब वे दोनों स्वस्थ थे सेक्स के लिए, लेकिन वायव बहुत बदल-सा गया था। बाँहों में लेकर वायव उसे बहुत कोमलता से छूता था। सिर में उँगलियाँ डाल बाल सहलाता, पीठ और कमर दबाता। तलवों में मालिश करता। उसके स्तनों को यूँ छूता जैसे वे दो नाज़ुक फ़ाख़्ताएँ हों। मगर वह उसे अन्तरंगता से छूती तो चिहुँक जाता, पलट कर सो जाता।

वह ठीक साढ़े दस बजे दवा लेकर सोता और बिना दूसरी करवट लिए सुबह जल्दी उठता। किचन में अधूरे पड़े काम समेटता, नाश्ता बनाता। उस जैसा नास्तिक अब जल्दी नहाकर टैराकोटा की एक दुर्गा की मूर्ति के आगे दीया जलाता। अब वह स्त्री विषयक अपराधों और अधिकारों पर लेख लिखने लगा था। एक बलात्कार पीड़िताओं के पुनर्वास केन्द्र में जाने लगा था और वहाँ की कहानियाँ कवर करता, उस सेंटर के लिए एक लोकगीतनुमा बड़ा सुन्दर गीत लिखा था उसने। जो भी सुनता, कहता, गीत और वायव? मगर उसने लिखा था, औरतों का लोकगीत।

जो उस सेंटर के ब्रोशर में छप कर, सेंटर की पहचान बन गया था। वह सच में हर बलात्कार पीड़िता को उजाला देने वाला गीत था। उस गीत की चर्चा के चलते आमिर खान ने 'सत्यमेव जयते' के बलात्कार केंद्रित एपिसोड में उसे बुलाया भी था। रौद्रा भी साथ गई थी। वहाँ स्टूडियो में दर्जनों रेप विक्टिम लड़कियाँ थीं। कुछ उदास, कुछ टूटीं, कुछ मजबूत। एक सहज पुरुषोचित दम्भ से भरा रहने वाला वायव कितना बदल गया था, वह उन लड़कियों से कोमलता से बतिया रहा था। रौद्रा को खुशी थी कि उसने इस मुहिम में खुद को व्यस्त कर लिया था। वहाँ वह एक लड़की की करुण कहानी सुन रो भी दिया। उस दिन उसने अपनी संस्था के ब्रोशर के पहले पन्ने पर लिखा अपना वही गीत गाकर सुनाया। उसके सुर तक सध गए हैं, यह देख-सुन कर रौद्रा चकित होकर याद करने लगी, बाथरूम में गाने वाले वायव के सुर से भटके गाने—

ओ री मेरी मैया सुन, तोड़ने-मरोड़ने से
ना टूटने वाली तेरी ये लचीली गुड़िया

बस गिरी थी धूल में चढ़ पड़े थे कुछ पागल कुत्ते
झाड़ कर कुर्ता फिर उठ बैठी न तेरी मुनिया
निकाल दे गोखरू मेरे चाम से जैसे मैं तेरी गैय्या

हाँ, था तो वह बुरा सपना जो मैंने रात देखा
जो लौटी तो तेरी गोद में भूल गई सब ओ मैय्या।
अब न जाऊँ जंगल अकेले, ताल हो के तलैय्या
उदास न हो सीखा है सबक, रख ली नेफे में कटार ,
मिर्चा भरा अपनी चोली में, सीख लिए दाँव और वार
जाना पड़ा जो अकेले में ओ रामा तू लेना बलैय्याँ।

और यह गीत रातों-रात प्रसिद्ध हो गया। पता नहीं कितनी लड़कियों ने इसे चीख-चीख कर गाया। वायव खुश था, सन्तुष्ट था। फ्रीलांस काम भी उसे रास आ रहा था, घर में बने रहना भी।

सब कुछ ठीक चलता रहता तो वह जीवन ही कहाँ होता ? रौद्रा की माँ के उन ज्योतिषाचार्य की गणनाएँ सही साबित न हो जातीं, जिनके अनुसार राहू महाराज अपनी महादशा से उठ भागे थे और अब उनके दिए ताबीज़ों और ताँबे-चाँदी के सूर्यों ने किस्मत के राहू को आँख दिखा, कॉलर पकड़ सीधी राह पर धकिया दिया था। पर उनका जीवन तो जीवन था, अड़ियल-लीक से छिटका हुआ। एक रोज़ फिर गाड़ी ने लीक छोड़ दी।

‌‌◡

‌''सुनो मैं पापा बनना चाहता हूँ।'' एक रात उसके स्तनों की कोमल-कोमल छुअनों के बीच नाक घुसाता हुआ वायव बोला।

‌''तुम्हें याद नहीं हमने क्या तय किया था ? जब पाँच-सात साल अच्छा कमा लेंगे, तब अपना घर खरीदेंगे। और फिर एक अनाथ बच्चा गोद ले लेंगे। अभी समय है पारू-पारू!'' लाड़ से सिर चूम लिया रौद्रा ने।

‌''मुझे अपना खुद का बच्चा चाहिए। तुम्हें इच्छा नहीं होती ? तुम्हारे भीतर की औरत का मन नहीं करता माँ बनने का ?''

‘‘वायव!’’ रौद्रा की आँखें इस क्रूर सवाल पर गीली हो गईं। वह छिटक कर अलग हो गई।

‘‘हमारे बीच सेक्स तक तो होता नहीं, तुम बायलॉजिकल पिता बनने की बात कर रहे हो?’’

‘‘तुम ऐसे कह रही हो जैसे...मैं भी जानता हूँ कि हमारे बीच उस तरह तो बच्चा हो भी नहीं सकता। रही हमारे बीच सेक्स की बात तो इतना बड़ा गैप रहा वह धीरे-धीरे पटेगा न?’’

‘‘मुझे कोई मलाल नहीं इस बात का वायव। मैं पागल नहीं हूँ कि तुम्हारी मानसिकता न समझूँ। पर मुझे इस बात का कोई हीन भाव नहीं कि मैंने गर्भाशय खो दिया। यूँ भी मुझे पीरियड्स परेशान ही करते थे। आय'म ओके विद इट। कम से कम कैरियर तो बना पा रही हूँ। मुझे तो यह समझ नहीं आता कि यह सब जान कर भी तुम्हें क्यों होती है पिता बनने की इच्छा? या तुम मुझे चोट पहुँचाना चाहते हो? सॉरी मैं...नहीं समझ पा रही तुम्हें।’’

‘‘तुम समझना भी नहीं चाहतीं।’’ वायव के चेहरे पर उसे अजीब हिक़ारत दिखी, वह भीतर ही भीतर सहमी। उसे बहलाने को बोली—

‘‘ठीक है, तुम्हें तुम्हारा अपना बायलॉजिकल बेबी ही चाहिए होगा तो करेंगे इंतज़ाम सरोगेसी (किराये की कोख) का, किस्मत से मेरी ओवरीज़ (अंडाशय) सुरक्षित हैं। मेरी बेस्ट फ्रेंड आई.वी.एफ़. क्लीनिक चलाती है। उसके यहाँ सरोगेसी के लिए मिल जाती हैं कुछ...।’’

‘‘सरोगेसी? यानी ग़रीब मज़लूम औरतों की कोख का व्यापार? पता है हमारे सेंटर में किसी ने बताया कि आई.वी.एफ. सेंटर वाले अनमैरिड आदिवासी औरतों से यह करवाते हैं। उनके शरीर से खिलवाड़, महज़ कुछ लाख रुपयों के लिए, छिः, कितनी क्रूर सोच है तुम्हारी!’’

‘‘कौन है क्रूर? तुम या मैं? तुम्हें सरोगेसी से भी बच्चा नहीं चाहिए, गोद भी नहीं लेना है। तो बन्द करो न ढोंग पापा बनने की इच्छा का! तुम केवल मुझे ज़लील करना चाहते हो? या तुमने मुझसे अलग होकर किसी और से बच्चा लाने का सपना पाला है। कोई नयी आ गई क्या तुम्हारी ज़िन्दगी में?’’ अब सब्र छूट गया रौद्रा का छन्न करके, वह ज़ोर से बोली।

''रौद्रा, ऐसा नहीं है। अपना बायलॉजिकल बच्चा हो सकता है बिना सरोगेसी भी। मैं रखूँगा न अपने भीतर। मैंने कहीं पढ़ा था कि अब...'' वायव के स्वर साँप की देह की तरह ठंडे, क्रूर और लिजलिजे थे।

''क्या ?''

रौद्रा का सिर घूम गया एक पल को, लेकिन बाथरूम से बाहर आकर तौलिए से मुँह पोंछता वायव एकदम सहज था और किसी सोच में डूबा था।

रौद्रा वायव को अपने से दूर जाते देख रही थी। वायव एक रिसर्च आर्टिकल की कॉपी लेकर उसके पास आया था, जिसमें उसे आई.वी.एफ. के ज़रिए विकसित भ्रूण को पुरुष अपने आमाशय की बाहरी सतह पर स्थापित करवा कर विकसित कर सकता है। इसके लिए उसे उसकी सहमति और साथ की ज़रूरत थी।

''देखो वायव, मैंने आज घर से काम करने का निर्णय इसलिए नहीं लिया कि मैं तुम्हारी इस बेवकूफ़ाना कल्पना को झेलूँ और इस पर बहस करूँ ? मेरी रीढ़ में दर्द है। मैं लेटकर, फ़ोन और टैब पर काम करूँगी।''

''डिस्कशन ? मैं निर्णय ले चुका हूँ।''

''शटअप। तुम ऐसा कुछ नहीं कर रहे हो। मुझे ऐसे खतरनाक संभावना के साथ बच्चा नहीं चाहिए।''

''वह मेरा बच्चा होगा। मैं पालूँगा''

''मैं तुम्हें छोड़ दूँगी।''

''यह ब्लैकमेल है। तुम समझती क्यूँ नहीं ?''

''मेरे गले नहीं उतरती यह बात।''

''क्योंकि तुम्हारी सोच इस तरह हो चुकी है न ! या तुम्हें लगता है, तुम्हारा महत्त्व ख़त्म हो जाएगा, मेरे प्रेगनेंट होने से ? बिन तुम्हारे भूमिका के बच्चा! बच्चा जन्मना तो माँ का पर्याय! तुम डर रही हो न कि एक यही दाव तो है, खेलने का और जीतने का—तुम औरतें सोचती हो कि—तुम्हारी सन्तति हमारे होने से आगे बढ़ती हैं या अब ऐसे उदाहरण बढ़े तो तुम लोग हार जाओगी ?''

''महत्त्व ही की बात होती तो बच्चा गोद लेना आगे के लिए क्यों रखती मैं ? अब गर्भाशय भी ट्रांसप्लांट होने लगे हैं। लेकिन जब ईश्वर ने जो चीज़ छीन ली, उसे उससे वापस लूँ ऐसी मेरी चाह नहीं।''

''होल्ड ही तो, वही तो न कि वह मेरी इच्छा, मैं करूँ, न करूँ, जब जी चाहे करूँ, जिससे चाहे करूँ। चाहे तुम बूढ़े होकर मर जाओ।''

''तुमसे बहस नहीं कर सकती मैं। तुम नाश्ता कर लो। बस! यह सब नाटक बन्द करो, यार मेरा बॉस ऑनलाइन है।''

''तो तुम काम करो, चिंता मत करो मेरी, मैं अपनी यह इच्छा डोनर से अंडाणु लेकर भी कर सकता हूँ। तुम छोड़कर जाना चाहो तो चली जाना।''

''तुम जानते हो, यह आत्मघाती है। मैं तुम्हें कोर्ट ले जा सकती हूँ, तुम ज़िद पर अड़े रहे तो।''

''रौद्रा, मुझे पता है, संसार भर से लड़ने से पहले, मेरा पहला युद्ध तुमसे होगा।''

~

वायव के इस अजीबोग़रीब निर्णय की गंध मीडिया तक पहुँची और तमाम चैनलों को एक नया शिगूफ़ा मिल गया। टीवी पर बहस चल पड़ी।

एक लोकप्रिय टीवी चैनल पर एंकर पूछ रहा था वायव से, ''आपको यह ज़रूरत क्यों आ पड़ी, जबकि लीगल सरोगेसी उपलब्ध है, बच्चा गोद भी लिया जा सकता है। या यह कोई प्रसिद्धि पाने का नया तरीका है? सुना है, आपकी पत्नी इस निर्णय में आपके साथ नहीं।''

रौद्रा ने टीवी का वॉल्यूम कम किया, इस फ़्लैट की दीवारें काग़ज़-सी पतली हैं। कोई सुन न ले, अगले पल उसके मन का फ़्यूज बल्ब कौंधा कि वह पड़ोसी की चिंता कर रही है, यह तो देश भर में टेलिकास्ट हो रहा होगा।

''ओ बाप रे! ये वायव कर क्या रहा है? अभी फ़ोन आने लगेंगे।'' उसने अपना मोबाइल स्विच ऑफ़ कर दिया। वायव दाढ़ी बढ़ाए, पीला कुर्ता और जीन्स पहने एंकर के आगे बैठा बोल रहा था।

''इस निर्णय में मेरे साथ केवल मैं हूँ। देखिए मेरी पत्नी एक्सीडेंट में अपना यूट्रस खो चुकी हैं। आज विज्ञान ने तरक्की कर ली है, कि पुरुष भ्रूण को अपने पेट की बाहरी वॉल पर धारण कर सकता है तो क्यूँ नहीं?''

''हमारे बीच इस समाज के गणमान्य कलाकार, वैज्ञानिक, आधुनिक युवा, जागरूक महिलाएँ उपस्थित हैं, मेरा सवाल सीधे-सीधे सबसे है कि— क्या पुरुष प्रेगनेन्सी इस समाज को स्वीकृत...।

''वागीश जी, आप सवाल ही ग़लत पूछ रहे हैं, इसे यूँ पूछें। अगर आसन्न संकट उपस्थित हो और संसार भर की स्त्रियाँ मना कर दें माँ बनने से या किसी आपदा के चलते वे बच्चा गर्भ में धारण करने की क्षमता खो बैठें तो कितने पुरुषों में साहस होगा कृत्रिम तरीके से अमाशय की सतह पर चिपकवा कर भ्रूण को विकसित करने, जन्म देने का? या वे अपनी समस्त मनुष्य प्रजाति विलुप्त होते देखते रहेंगे।'' रौद्रा को अपने नाखून चबाते हुए अब यह यकीन होने लगा कि वायव के दिमाग़ में कोई लोचा आ चुका है या वायव को अब शिगूफ़ों का चस्का लग गया है और बस वह किसी भी तरह लाइमलाइट में रहना चाहता है। पहले एन.जी.ओ. और फिर वह गीत, अब ये? उसने उकता कर टीवी ऑफ़ कर दिया। लाइट जली छोड़ कर चेहरे पर हाथ रख कर सोने की कोशिश की। मगर मन न माना, फिर ऑन कर दिया, कम आवाज़ करके।

''सच बताइएगा प्लीज़। इधर-उधर की हाँके बिना। यह कोई स्त्रीवादी बहस नहीं है, एक छोटा-सा सर्वे है अपने तईं। क्योंकि कृत्रिम गर्भाशय ट्रांसप्लांट अगले दस सालों में सम्भव होने जा रहा है। एक किन्नर को हो चुका है। महिलाओं से महिलाओं को तो कई बार। एक्सीडेंट में एक गर्भवती के मरने पर पिता द्वारा सात माह तक भ्रूण पेट की दीवार पर पोषित करने का मामला ऑस्ट्रेलिया में सामने आ चुका है।'' उधर एंकर वागीश ने फिर छिनी हुई बागडोर हाथ में ली और चटपट बहस आरम्भ की।

''मेरा उत्तर 'नहीं' होगा। मुझमें स्त्रियों जितना धैर्य और साहस नहीं।''

एक लेखक ने संक्षिप्त में इस अटपटे सवाल का उत्तर दे खुद को बरी कर लिया।

''मनुष्य जाति को तो ख़त्म होना ही है और वह खुद भी तो इस प्रक्रिया को तेज़ करने में जुटा है। हम सब को भी इसकी चिन्ता छोड़ देनी चाहिए।'' एक वरिष्ठ कलाकार बोले।

''मेरा मानना है कि पुरुष चाहे बच्चे को स्वयं की कोख से जन्म नहीं दे सकता है किन्तु वो सन्तति की उतनी ही लालसा रखता है जितनी कि स्त्री। अगर उस भयावह स्थिति की कल्पना इसमें शामिल है कि यदि इस धरा पर कोई स्त्री नहीं होगी, या गर्भधारण करने में अक्षम, कृत्रिम तरीके से ही सही, हर पुरुष इस सन्तति जनन को जारी रखेगा।'' एक एलीट किस्म के समाजशास्त्री ने व्याख्या प्रस्तुत की।

"यदि ऐसा होता है तो सारे नहीं पर कुछ पुरुष ऐसा करेंगे।" एक स्मार्ट युवक बोला।

"बच्चे पैदा करने की ललक नैसर्गिक है, जेंडर से उसका क्या लेना यार? तुम्हारी उमर में यह वेग से आती है। अपने गुणसूत्रों को अविनाशी बनाने को जब हर जीवधारी तरह-तरह के विकास करता है तो पुरुष क्यों नहीं?" एक वरिष्ठ डॉक्टर ने कहा।

"आज थोड़ी ही सही पर मानसिकता बदली है, बहुत से पुरुष स्त्री को समान रूप से और सम्मान से देखते हैं, स्वीकार करते हैं कि स्त्री हर तरह से श्रेष्ठ है, सशक्त है और इसलिए नहीं कि सिर्फ़ वंश बढ़ाना है, यह काम स्त्रियों के सम्मान में भी हम कर सकते हैं। हालाँकि एक स्त्री बनना किसी पुरुष के बस की बात न होगी।"

"नाइस क्वेश्चन"...एक थियेटर एक्ट्रेस ने मुस्कुरा कर बस यही कहा।

"ये बात कभी आई ही नहीं दिमाग में...अभी तो दिमाग बिलकुल तैयार नहीं है इसके लिए। शरीर से तो बाद में पूछा जायेगा," एक जनाब ईमानदारी से बोले।

"कोई भी ईमानदार पुरुष स्वीकार नहीं करेगा, क्योंकि असल में उसके दिमाग में कहीं है ही नहीं यह बात और न ही उसने इस पर कभी सोचा होगा। लेकिन जब यह स्थिति आ ही जाएगी तो इन्हीं में से कई या कुछ पुरुष सृष्टि को आगे बढ़ाने का बीड़ा उठा लें शायद। बहुत बार तात्कालिक परिस्थितियाँ बताती हैं कि हम क्या कर सकते हैं।"

"जैसे कई अकेली स्त्रियाँ बच्चा अडॉप्ट करती हैं लेकिन कोई कुँआरा पुरुष ऐसा नहीं करता, फिर भी कभी-कभी 24-25 साल की नवविवाहिता पत्नी की प्रसव के समय मृत्यु के साथ अचानक उसमें ममत्व जगता है और उस बच्चे को माँ की तरह वही पुरुष पालता है," एक लेखिका ने अपनी बात कही।

"22 का होता तो मैं भी करवा लेता..." एक प्ले राइटर ने उत्तर दिया।

"वागीश जी, वायव जी, आपके सवाल से कुछ और सवाल पैदा हो रहे हैं। क्या स्त्रियाँ गर्भधारण से ऊब गई हैं? अगर हाँ, तो इसका मतलब है कि वे नारी होने से असंतुष्ट हैं और पुरुष होने की लालसा से भरी हुई हैं। स्त्री अगर पुरुष होना चाहे तो यह नारी शक्ति से अपरिचित होने के कारण ही सम्भव है।

कोई पुरुषनुमा स्त्री ही गर्भ धारण से भागना चाहेगी और कोई स्त्रीनुमा पुरुष ही गर्भ धारण करना चाहेगा,'' एक धार्मिक किस्म के पॉलिटिकल प्रवक्ता ने कहा।

रौद्रा ने चैनल बदला, इधर भी एक स्त्रीवादी एंकर अपने शो में इसी विषय पर बोल रही थी—

''हज़ार पुरुषों में अगर एक पुरुष भी प्रेगनेंट होना स्वीकार करता है तो यह कल्पना सार्थक है कि यह दुनिया बराबरी पर टिकी है। इस दुनिया की खूबसूरती इसमें है कि यहाँ हर जीव अपनी सन्तति बढ़ाने के लिए हर तरह के स्टंट करता है। कोई मछली किसी सीप या शंख को नकली इनक्यूबेटर की तरह इस्तेमाल करती है, तो कोई मछली पिता मुँह में अपने अंडे ढोता है, केंचुआ एक ही साथ माता और पिता दोनों होता है। तो क्यों नहीं मनुष्य सन्तति के संकट में...लोग इतना शोर क्यों मचा रहे हैं वायव जी की पिता बन गर्भधारण की इच्छा को लेकर? क्या बात कंडीशनिंग, शिक्षा और मानसिकता की है? हमारे समाज में कितने पुरुष इस बात से सहमत होंगे? आप क्या कहेंगी लक्ष्मी जी?''

''दरअसल वायव गलत देश में पैदा हुआ, और तुमने सवाल गलत देश के लोगों से पूछा है। यही सवाल इस देश की आम जनता की निगाह में तथाकथित 'बेशर्म' पश्चिमी देशों के मर्दों से पूछतीं तो 'हाँ' का अनुपात बहुत ज़्यादा आता,'' नॉवलिस्ट लक्ष्मी जी ने गंभीर चेहरा बना कर व्यंग्य किया।

''सवाल तो महान पुरुष बौद्धिकों से भी करना चाहिए, पता नहीं ये तकलीफ़ से डर गए या अपने भीतर किसी जीव की उपस्थिति से। पुरुषों की ख़ामोशी क्या कह रही है? डॉ. साहब? मिलिंद जी?'' एंकर ने मुस्कुरा कर पूछा।

''मौन का कारण इंकार से अधिक सम्भवत: जैविक अनुभूति या स्मृति का अभाव है। आपके द्वारा कल्पित अवस्था अगर सम्भव हुई तो प्रकृति स्वयं रास्ता निकाल देगी। वैसे, मेरा उत्तर 'हाँ' है। हाँ इसलिए भी कि जिस प्रकृति ने मुझे रचा, उसके संकट में उसका साथ देना ही है।''

डॉ. शर्मा, जो मनोचिकित्सक रहे थे वायव के और कार्यक्रम में मौजूद थे, उसके पक्ष में बोले।

''देखिए, आसन्न संकट में पुरुष कुछ भी कर सकता है...! चाहे वो किसी भी स्तर का समझौता हो या युद्ध...अर्थात वह शिव और विष्णु है, किन्तु ब्रह्मा नहीं हो सकता है,'' एक युवा वकील मिलिंद ने कहा।

''ब्रह्म होना पिता होना भी है। केवल बीज धरती में डालना, अपना

कर्तव्य समझने वालों से वे समुद्री नर (पिता) मछलियाँ बेहतर होती हैं जो अंडे को फ़र्टिलाईज़ कर मुँह में रखे रहती हैं, और जब तक उनसे बच्चे नहीं निकलते भूखी रहती हैं।'' एक महिला जीवशास्त्री ने पुरुषों की तरफ़ जुमला उछाला।

एक चैनल पर अलग ही बहस चल पड़ी थी। यहाँ भी एंकर एक प्रसिद्ध फ़ेमिनिस्ट पत्रकार थी। उसका सवाल था कि भविष्य में महिलाएँ फ़ेमिनिज़्म की वो राह पकड़ें कि हड़ताल पर चली जाएँ और बच्चा पैदा करने से मना कर दें तो क्या करेगा पुरुष? क्या कृत्रिम ढंग से सन्तति को जन्म देने की ज़िम्मेदारी उठाएगा?

''हड़ताल और कृत्रिमता दोनों प्रकृति के विलोम हैं। जैसे आधुनिकता और अंधेपन में गहरा अप्राकृतिक सम्बन्ध है,'' एक प्रसिद्ध युवा पेंटर एंकर से बहस में बोल रहा था।

''मेरा मानना है प्रकृति में विलोम कुछ नहीं मित्र, सब पूरक हैं। और हमारे आज के विषय के हीरो वायव का कहना है—प्रकृति में समुद्री घोड़ा गर्भ धारण करता है, जन्म की पीड़ा भी सहता है तो हम पुरुष क्यों नहीं?''

''कोई प्राकृतिक हड़ताल होती हो तो बताओ?''

''होती है, बरसातें बन्द हो जाती हैं। पारिस्थितिकी तन्त्र बदलता है, माना लाखों बरसों में। तुम तो स्वयं भूगर्भशास्त्री हो! पेंटर के साथ-साथ, एक वैज्ञानिकता है तुम्हारे चित्रों में,'' एंकर बोली।

''पारिस्थितिकी तन्त्र कैसे बदलता है?'' पेंटर ने आँखें छोटी करके पूछा।

''जब अनुक्रमण होता है, समुद्र रेगिस्तानों में, रेगिस्तान दलदलों में और दलदल बरखा वन में बदलते हैं।''

''यह क्या हड़ताल हुई? यह सब प्राकृतिक प्रक्रियाएँ हैं। यह मुद्दा ही अप्राकृतिक और अव्यावहारिक है।''

''हाँ, अव्यावहारिकता के चलते किसी रोज़ धरती घूमने से मना कर सकती है, औरत बच्चा जनने से। तब?''

''तब तो सब स्थिर हो ही जाएगा न! सॉरी! मुझमें नहीं...ना कोई ललक, ना कोई इच्छा। ना, बिलकुल नहीं,'' युवा पेंटर ने हाथ उठा दिए।

''बिना स्त्री के पुरुष का अस्तित्व अकाल्पनिक है। अगर स्त्री हड़ताल पर जाती हैं तो धरती पर उथल-पुथल मच जाएगी। मुझे लगता है कि मेरी तरह ही 99 फीसदी से अधिक पुरुष कृत्रिम गर्भधारण नहीं कर सकते। न यह प्रकृति

के अनुकूल है, न पुरुष स्वभाव के,'' एक छात्र ने कहा।

''नर और मादा मिलकर ही ज़िन्दगी को पूर्ण करते हैं, दोनों की अपनी-अपनी अहमियत है! ट्रांसजेंडर वाली फ़ीलिंग करोड़ों में किसी एक को ही उत्पन्न हो सकती है! मुझमें तो किसी भी सूरत में नहीं ! मैं मरना पसन्द करूँगा। पुरुष को इस झमेले में क्यों डालना भाई ?''

''झमेला, तो आपको स्त्रियों की छाया तक से दूर रहना चाहिए,'' एक मोटी महिला दर्शक बोली।

''वह तो रह नहीं सकते, विवाहित हैं। हा हा।''

''पिता होना आपको झमेला लगता है ?'' एंकर बोला।

''पुरुष का गर्भधारण झमेला है। मेरे बस की बात नहीं।''

''दर्द विहीन हो तब भी नहीं ?''

''नहीं प्राकृतिक तौर पर मन ही नहीं मान सकता।''

''किसी संकट की अवस्था में ? मसलन आप धरती के अंतिम कुछ पुरुषों में हों और दारोमदार हो आप पर कि मनुष्य को बचाना है, धरा पर तब ?''

''अँ, तब शायद दायित्वबोध के वशीभूत कर सकता हूँ।''

एंकर मुस्कुरायी।

रौद्रा ने उत्सुकता में और चैनल बदल-बदल कर देखा, ज़्यादातर मुख्य चैनलों पर यही बहस जारी थी और उसकी हैरानी के लिए दस में से छ: मातृत्व को झमेला मानने वाले बन्दे अन्त में यह मान रहे थे कि अगर मेरे सिर पर मनुष्य सन्तति बचाने का दायित्व हो तो शायद, हाँ। दस में से दो ने तो कहा—आई वुड लव इट!

वह रज़ाई फेंक कर उठ बैठी। उसने वही चैनल लगा दिया जिसमें वायव उपस्थित था।

''हाँ, जब समुद्री घोड़े जैसा डेढ़ इंच का जीव यह ज़िम्मेदारी उठा सकता है कि निषेचित अंडों को जन्म लेने तक धारण करे, समय आने पर जन्म दे तो मैं क्यों नहीं?''

उसकी आवाज़ की दृढ़ता पर रौद्रा चकित थी और ऐसी वैज्ञानिक सम्भावना पर वह सोच में पड़ गई। उसने अपना आईपैड निकाला और मेप्रेग यानी मेल प्रेगनेन्सी पर गूगल करने लगी! सूचनाओं को पढ़ उसकी आँख के गहरे भूरे गोलक और...और...और...फैलने लगे।

(फ़ेसबुक पर से कहानी की भूमिका मैंने दोस्तों को बताए बिना उठाई थी, एक बहस और उस पर आई रोचक टिप्पणियों को मैंने इस कहानी में लिया है, इसके लिए मैं आभारी हूँ—डॉ. विनय, अखिलेश, मनीष पुष्कले, डॉ. दीक्षित, पुनीत बिसारिया, मुकेश कुमार सिन्हा, संकल्प मिश्रा, पुनीत मोद्गिल, कंचन सिंह चौहान, शैलजा पाठक, शिखा वार्ष्णेय, लक्ष्मी शर्मा, परितोष मालवीय, गौतम राजऋषि, करन निम्बार्क, पराग मांदले, अनघ शर्मा, लक्ष्मण पार्वती पटेल, अतुल्य कीर्ति व्यास, मुकेश नेमा, सुभाष चंद्र कुशवाहा, मटुक नाथ, सुरेश वर्मा व अन्य मित्रों की। कुछ नाम लेने से रह गए हों तो माफ़ी!)

क़िरदार

बहुत कुछ...छोड़ गई थी वह हमारे कमरे में। कंघे में फँसे बाल। नीली, उतारी हुई नाइटी को अपनी आदत के उलट, उल्टा ही कम्प्यूटर टेबल की कुर्सी के हत्थे में टाँग कर वह स्टडीरूम में चली गई थी। वहाँ बालकनी के गमले में लगे पौधों में पानी देकर, कुछ किताबों को बिखेर कर। वह ऐसे चली गई जैसे पड़ोस में मिलने गई हो। नौकर बता रहे थे—उसने उस रोज़ खुद फ्रिज साफ़ किया था। सारे बासी खाने फिंकवाए थे। बहुत सारी सब्ज़ियाँ बनवा कर फ्रिज में रखवा कर, सात दिनों का मेन्यू किचन में टाँग कर, बच्चों के लिए उनका मनपसन्द अखरोट-खजूर का केक बेक किया था।

कोई भी नहीं पूछ रहा था, कहाँ गई है वो? हाँ, कोई पुर्ज़ा रखा तो था, उसके हाथ का लिखा, मेरे लिए उसमें कुछ नहीं लिखा था। मेरे लिए तो विदा का नोट कोई नहीं छोड़ा था।

'अब और नहीं। सॉरी। मेरी आत्महत्या की वजह किसी को नहीं माना जाए।' कोई इस तरह आत्महत्या कर सकता है? वह भी सुबह पति को प्यार से विदा कर, बच्चों को टिफ़िन-रुमाल पकड़ा कर, सुस्ताने के समय, ऐन दोपहर? मेरे नाम कुछ नहीं? वजह ही में कर देती ज़िक्र मेरा—'आततायी, बेवफ़ा...' कुछ भी इल्ज़ाम दे देती, अनकहे सन्देहों के घेरे में छोड़ कर यूँ मुक्त करने का हासिल? खुद को गर किसी से प्रेम था, वही लिख जाती, सह लेता ज़लालत... मगर बिना कोई वजह...'अब और नहीं' का क्या मतलब? घर में नौकरों की फ़ौज, अभाव कोई नहीं। मैं हर पल साथ था। मेरा कोई चक्कर भी नहीं चल रहा था। सास-ससुर तक का बंधन नहीं। प्यारे, ज़हीन बच्चे। किसी बात की

रोक नहीं, फिर ये 'अब और नहीं' क्या?

मैं हर पल उसके साथ था, जब उसे ज़रूरत थी। मैंने उसे कहीं जाने से, कुछ करने से रोका नहीं। मैंने उसके निजता के तल में झाँका नहीं। मैं उसके हर माहौल में ढल जाने की आदत पर फ़ख़्र करता रहा। उसके जाने के कई दिन तक मैं नर्क में था। ठंडे दिमाग़ी तर्कों और ज़ज्बातों ने मुझे पागल कर दिया था। मैं ही जानता हूँ कि मैंने ख़ुद पर कैसे काबू पाया। मैं सारी दुनिया से कट गया।

"क्यों? मधुरा क्यों?" बस यही सवाल मेरे लिए यक्ष प्रश्न बन गया था। मेरे दिमाग़ में सवालों के हुजूम थे कि मैं नोटिस क्यों नहीं कर सका? वह औरत, जिसके साथ रहते हुए पन्द्रह बरस बीत चुके थे। मेरे दो बच्चों की माँ। चौदह और बारह साल के बच्चे राजधिराज और सृष्टि। जिस बीवी के साथ एक बिस्तर पर सोते में भी वह हाथ उलझा कर सोता रहा, ऐसे में भला क्या होगा जो उससे चूक गया।

वह कभी अलग रहे ही नहीं। शहर के भीतरी परकोटे में उसका मायका था। जहाँ वह बस दोनों बच्चों के जन्म के समय ही कुछ लम्बे समय को तीन-तीन महीने मायके रही। उस बात को बरसों बीते। अब तो ज़्यादा से ज़्यादा सुबह जाकर शाम तक वापस। उसकी ट्रेनिंग्स और टूर्नामेंट्स में भले थोड़े दिन...।

हाँ, एक बार अटपटा लगा था, जब दूसरे बच्चे सृष्टि के जन्म के समय मेरी माँ और मैं अस्पताल से लौट कर चाहते थे कि वह हमारे यहाँ ही चले, लेकिन वह अपने मायके ही जाकर रही। एक महीना पहले—दो महीने बाद तक।

"मेरी माँ हमेशा कहती हैं कि जब तक जापे के बाद औरत फिर वैसे ही नहीं हो जाए पति से दूर रहना चाहिए।"

"क्या पुरातन बात है।"

"वो कहती हैं कि उसकी हालत और डिलीवरी देख कर पुरुष का आकर्षण जाता रहता है।"

''बच्चा तो उसका होता है, फिर! तुम्हारी माँ पुराने ज़माने की हैं। मेरा तुम्हारे लिए आकर्षण कम नहीं हो सकता।''

''कुछ बातें पुराने ज़माने की सही होती हैं।''

''पर मैं चाहता हूँ, इस बार मैं हाथ थामे होऊँ तुम्हारा।''

''अधिराज, आप देख नहीं सकोगे, वह दर्द। मैं आपको देख कमज़ोर पड़ जाऊँगी। प्लीज़, तुम वेटिंग रूम में ही अच्छे पति की तरह बैठना।''

यह बात याद आई तो फिर लगा कि क्या मैं अपनी पत्नी के स्वभाव को कुरेद कर देखने में असफ़ल रहा? क्या यह सतह-सतह का रिश्ता था?

जिस दिन वह गई, मैं देर तक सोता रहा था। पिछले दिनों के टूर्नामेंट्स की थकान, रॉयल टीम की शानदार जीत के जश्नों के रतजगों के कारण। सोमवार का दिन था, मैं थोड़ा देर से दफ़्तर गया। बच्चों को स्कूल भेज कर मैं और मधुरा अकेले थे। वह ख़ामोश थी, मैंने हिला कर पूछा—''क्या हुआ?''

''कुछ नहीं, महीने के कुछ दिन मुझे रुआँसा बना देते हैं। पीरियड्स से पहले।''

''दर्द तो नहीं न? कोई दवा दूँ? या दोपहर में थोड़ी ब्रांडी लेकर सो जाना। कल रात की पार्टी की थकान मुझे तो बहुत हुई।''

उसकी आँखें एकदम सूखी थीं। चेहरा ज़रूर ज़र्द था। होंठ पपड़ाए। वह कभी मूडी नहीं थी और महिलाओं की तरह। या मैं नहीं जानता, अगर कोई मुखौटा पन्द्रह साल चल सकता हो तो।

''छोटी चौपड़ छोड़ दूँ? बहुत दिन हुए।''

''नहीं, पापा के जाने के बाद वहाँ अब मन नहीं लगता।''

''मम्मी-सा तो हैं, उनकी भी सोच के मिल आओ।''

''मम्मी-सा तो अपने बेटों की गृहस्थी में मगन हैं। कुछ लोगों को मृत्यु लम्बा शोक नहीं देती। चाहे वह जीवन संगी की हो।''

''यह तुम कैसे कह सकती हो। किसी के मन को कौन जान सकता है?''

''वही तो, नहीं जान सकता कोई...तुम भी भावनात्मक तौर पर मज़बूत हो।''

''हाँ होना भी चाहिए।''

बहरहाल, उस दिन मैं ग्यारह बजे गया। पाँच बजे नौकर का फ़ोन आया,

बारह से पाँच हो गए, मधुरा ऊपर पहली मंज़िल पर स्टडी में बन्द सो रही है, खाना तक नहीं खाया, बच्चे टेबल पर लगा खाना खाकर अपनी-अपनी कोचिंग्स में चले गए थे। चाय लिए लक्ष्मी खटखटा-खटखटा कर हलकान हो गई है। मैं मन में कोई आशंका नहीं लिए था। वह सो ही रही होगी, ब्रांडी ली होगी। फिर भी मैं तुरन्त घर पहुँचा। घुसते ही ब्रीफ़केस सोफे पर फेंक मैंने स्टडी के दरवाज़े का हैंडल घुमाया। वह भीतर से बंद था। स्टडी कौन लॉक करता है? मैं खीजा। फिर आवाज़ दी पूरा दम लगाकर। सन्नाटा!

मन ही मन मैं खीज रहा था, अब तक मिज़ाज नहीं दिखाए, अब? क्या जल्दी मेनोपॉज़ हो रहा है?

मैंने हैंडल घुमाते हुए अपने कन्धे से दरवाज़े को धक्का दिया। हैंडल के चटखने की आवाज़ आई पर टूटा नहीं। मैं छह फुटा, ताक़तवर आदमी हूँ। मैंने एक बार फिर ताकत लगाई, मज़बूत हैंडल लॉक टूट गया। दरवाज़ा खुल गया। स्टडी में गर्मी थी, पंखा बन्द, गार्डन की तरफ़ खुलने वाली खिड़की बन्द। कई किताबें ज़मीन पर थीं। मानो कोई किताब खोजी जा रही हो।

मधुरा दीवान पर करवट लिए लेटी थी। मैंने उसे पलटा। उसका कन्धा उलटी से सना था। उसकी आँखें अधखुली थीं, मुँह भी अधखुला। उसका हल्का आसमानी कुर्ता भीगा था, अजीब कड़वी महक कमरे में थी। मैंने नब्ज़ थामी। वहाँ कोई धीमा-सा भी शोर नहीं था। मैं घबरा गया...दूसरा हाथ थामा, फिर उलटी सने सीने पर कान रख दिए। आह! मैंने तुरन्त फैमिली डॉक्टर को फ़ोन किया। फिर लौटा मधुरा के पास, पीला चेहरा और भूरी झाग भरी उल्टी। निश्चय ही वह मर चुकी थी। अपनी पत्नी मधुरा को इस रूप में देखना मुझे भीतर डुबो रहा था। मैं उसको थामता, उलटता-पलटता रहा, मगर मुझे वह निश्चल मृत देह बहुत अजनबी लगी। मधुरा नहीं कोई और। मुझे रोना तक नहीं आया उस पल। मैं कमरा बन्द करके नीचे आया। कॉलोनी के थाने में सब-इंसपेक्टर को फ़ोन किया।

''कॉन्सटेबल शेखावत, अपने थाना इंचार्ज को मेरे घर भेजिए। तुरन्त।''

मैं घर के अहाते में आ गया। मेरे घर के बाहर तैनात एक कॉन्स्टेबल बीड़ी पी रहा था।

"एक मुझे दो।" मैं क्या कर रहा था मुझे नहीं पता। बहुत बड़ा कांड हो चुका है मेरे जीवन में, मेरे पैर लड़खड़ा रहे थे, मन मान नहीं रहा था। मुझे मधुरा के शव के पास होना था, बिलखता हुआ, लेकिन मैं बीड़ी पी रहा था। मैंने बीड़ी खतम कर मधुरा के बड़े भाई को फ़ोन किया।

"भाई साहब, तुरन्त घर आ जाइए। बस सवाल मत करिए।"

डॉक्टर जिस पल मधुरा की देह को सीपीआर देकर 'मृत' घोषित करने से पहले की कोशिश कर रहे थे तब तक वे समय गँवाए बिना पुलिस से पहले ही पहुँच गए। मैं नीचे ही था।

"तुम्हारा फ़ोन आया तब मैं यहीं जवाहर सर्कल पर ही था। क्या हुआ?"

"आज दोपहर मैं दफ़्तर में था तब मधुरा ने खुद को ख़त्म...।"

"क्या कह रहे हो? बच्चे कहाँ थे?"

"पहले स्कूल फिर कोचिंग।"

हम स्टडी पहुँचे। वे मधुरा के पास गए। मुझे लगा, भाई हैं लिपट जाएँगे। डॉक्टर ने उसका लटकता हाथ उसके सीने पर रख कर हाथ से इशारा किया, 'सॉरी!'

भाई साहब मधुरा का चेहरा देख, पलट कर मेरे पास आ गए। क्या वह उनको भी अजनबी लगी?

"बहुत बुरा हुआ अधिराज। मैं माँ को क्या बोलूँगा? उसे कैसे समझाऊँगा?"

"भाई साहब, मैं ही नहीं समझ पा रहा।"

"क्या कोई लड़ाई?"

"कभी नहीं।"

पुलिस आ गई। मैंने मधुरा के कोमल कान छुए। और हट गया वहाँ से पुलिस के लिए। उसकी देह का फ़ौरी मुआयना कर एस.आई. यादव अदब से मेरे पास आया।

"सर, कोई सुसाईड नोट?"

"नहीं। मुझे तो नहीं मिला।"

"कोई वजह?"

''नहीं, मुझे नहीं पता।''

''आपकी शादी ठीक चल रही थी?''

''बहुत अच्छी। पूछ लीजिए इनसे, ये भाई हैं मेरी पत्नी के।'' जाने क्यों मैं हकला गया।

''मैं दफ़्तर में था, जब यह हादसा हुआ।''

''इनका कोई अफ़ेयर? बीमारी, डिप्रेशन?''

''नहीं। नहीं।''

''पैसे-जायदाद का झगड़ा?''

''नहीं। वह व्यवहारिक, संतुलित महिला थी।''

''आपका बेडरूम देख सकते हैं?'' हम सब नीचे आ गए। मैं और भाई साहब डायनिंग हॉल में थे।

''अधिराज, बच्चों को हमारे घर भेज दो, यहाँ ठीक नहीं अभी,'' भाई साहब ने छोटे साले प्रताप को फ़ोन किया।

''सर, बेड साइड टेबल पर एक गिलास के नीचे रखा सुसाइड नोट मिल गया। नींद की गोलियों के चार खाली पत्ते भी इस लिफ़ाफ़े में थे। गिलास की तली में एल्कोहल था,'' एक कॉन्सटेबल हमारे बेडरूम से चिल्लाया।

''आप लकी हैं सर,'' एस.आई. मुस्कुराया।

मैं आहत हुआ, साले ये पुलिस वाले...मैंने नोट देखा—उसी की हैंडराईटिंग थी। जमा कर लिखे गए अक्षरों की थरथराहट मुझे दिख गई। 'अब और नहीं। सॉरी। मेरी आत्महत्या की वजह किसी को नहीं माना जाए।'

''अब और नहीं? मतलब?'' एस.आई. ने मुझे देखा।

''मुझे नहीं मालूम। मुझे अन्दाज़ तक नहीं कि वह क्या कहना चाहती होगी।''

''सर पोस्टमार्टम तो होगा?''

''जब नोट मिल गया तो कोई फायदा है पोस्टमार्टम का? अंतिम संस्कार कब तक हो सकेगा?'' भाई साहब पूछ बैठे। फिर मेरे कन्धे को सहलाते रहे। मैंने वह पन्ना फिर देखा, मधुरा की हिसाब-किताब की नोटबुक का था। मैंने चुपचाप ड्रेसिंग टेबल की दराज़ से निकाल कर वह छोटी नोटबुक जेब में डाल

ली ? हरे कवर वाली इस छोटी नोटबुक में यूँ तो घर के हिसाब लिखे रहते थे, पर क्या पता कुछ और... ।

उसके बाद कब बच्चे आए, कब पंचनामा बना, कब मधुरा का अजनबी शव चला गया, कब मधुरा आई और उसे नहला कर सजाया गया।

''क्यों ?'' मैंने खुद को कहते हुए सुना। और उसके बाद एक पल को लगा, मधुरा मेरे पास खड़ी है।

क्योंकि...

उसकी महक। जीवन और मृत्यु का रहस्य एक पल को गहरा गया। उसकी आँखों से टपकते आँसू उसने झटके से पोंछ दिए और कोशिश की प्रार्थना करने की कि उसकी आत्मा शान्ति प्राप्त करे। मैं उसे प्रणाम करते हुए रोया नहीं, मैं नाराज़ था। जब उसकी अर्थी पर बच्चे लिपटे तो होश आया, तब मैं ढह गया। स्थिति की भयावहता जान कर।

''क्यों ?'' बस यही एक शब्द रुदन में बदल गया। मैं सघन अँधेरों में था।

एक नितान्त सम्पूर्ण सम्बन्ध। भरा पूरा दाम्पत्य। एक आधुनिक कॉलोनी में, फ्रेंचविला-सा मकान, जहाँ एक दीवार पर नारंगी बिगोनिया, दूसरी पर नीले जैकोमुंशिया की बेलें चढ़ी इतराती थीं। दो स्कूल जाते स्मार्ट बच्चे। मधुरा ने कभी शिकायत की नहीं, क्योंकि शिकायत की वजह थी भी नहीं। अभाव कोई था नहीं। समय की भी कोई भारी कमी नहीं थी, नौकरी समय से निबट जाती थी और पोलो क्लब के हर मैच और गेट टू गैदर में मधुरा साथ होती थी। मेरे हिसाब से आपसी प्रेम और उसकी अभिव्यक्ति भी यथासम्भव हम दोनों के बीच रही ही। झगड़ा तो दूर हमारे बीच कभी बहस तक नहीं हुई, असहमतियाँ आपसी समझदारी के निकष पर कस कर सहमतियों में तब्दील होती रहीं। रंगों-कपड़ों और खाने की पसन्द में निःसंदेह हाँ, मेरी चलती जिससे मधुरा को दिक्कत नहीं हुई। उसने हल्के पेस्टल फूलों के रंग और जॉर्जेट, और शिफॉन अपना लिए क्योंकि वह तो कोरा कैनवास ही थी जब ब्याह कर आई थी।

जवाहर कला केन्द्र में एक चित्र-प्रदर्शनी के उद्घाटन पर पहली बार मैं मिला उससे। वह *मेघदूत* पर बनी चालीस चित्रों की एक प्रदर्शनी थी। जब

मेघदूत सीरीज़ के अद्भुत चित्रों को देखता-देखता मैं अन्तिम खम्भे तक पहुँचा तो हतप्रभ रह गया था। कितना साम्य! वह उस खम्भे की बगल में मेघदूत की विरहिणी विप्रलब्धा यक्षिणी-सी ठिठकी खड़ी थी, लम्बे खुले केश। खाली, बिना काजल लगी उन शफ़्फ़ाफ़ आँखों में कोई चिर-प्रतीक्षा। सारे चित्रों में रचे सारे चेहरे और इनकी गढ़न का स्रोत मानो यही एक चेहरा था। कर्णचुंबित आँखें और शुक नासिका और डोरी जैसे होंठ, दन्तपंक्ति भी एकसार। जब मैंने एक चित्र खरीदा और चैक काटा तो सामने भी वही थी।

''मुझे दे दें, मैं कृष्णदेव शर्मा जी की बेटी हूँ।''

एक पीढ़ी-दर-पीढ़ी चित्रकारों का परिवार, उसमें राष्ट्रपति पुरस्कार प्राप्त, विश्व भर में ख्यातनाम कृष्णदेव ही हुए। जिनके तीन बेटों के बाद एक बेटी थी, जिसका बहुत चाव से नाम रखा गया मधुरा। उस रोज़ वे ईश्वर की उदारता से अभिभूत हो गए, जब मैं विवाह प्रस्ताव लिए उनके घर पहुँचा, अपने सिविल जज पापा और माँ लीला जोशी के साथ जो चित्रकला विभाग की विभागाध्यक्ष रह चुकी थीं, कृष्णदेव जी से बखूबी परिचित थीं। वे बार-बार यही कहते रहे कि—''दुनियादारी से अपरिचित मेरे जैसा चित्रकार चिराग़ लिए भी खोजता तो अपनी बेटी के लिए ऐसा घर-वर न खोज पाता।''

सगाई और शादी के बीच की संक्षिप्त कोर्टशिप में मधुरा मुझे तो बहुत खुश लगी। हम दो बार छुपकर डेट पर भी गए। एक बार पिक्चर देखी। मैंने उसे उपहारों से लाद दिया। हमने फ़ोन पर कई बार बात की। सब कुछ तो यथोचित था। फिर?

क्या मैं अपनी पत्नी को कभी जान न सका? वह इतनी भावुक तो कभी नहीं थी कि...न ही वह असमंजस में रहने वाली महिला थी। उसका जीवन उसकी वार्डरोब्स की तरह तहाया हुआ, जमा जमाया था। वह अच्छी माँ थी। शानदार पत्नी, जिस पर मैं गर्व करता था। मुझे वह कभी घटिया एकता कपूर टाइप सीरियल देखते नहीं मिली। फ्लाईट और हेयरड्रेसर के यहाँ प्रतीक्षा करने के अलावा उसने कभी चमकदार और फ़ैशनेबल मैग्ज़ीन्स नहीं पढ़ीं। वह हिन्दी के अपनी पसन्द के उपन्यास और अंग्रेज़ी के मेरे सुझाए उपन्यास पढ़ती थी। उसके फ़ोन कभी लॉक्ड नहीं रहे, मैंने देखा व्हाट्सएप पर उसका कोई किटी

ग्रुप नहीं था। फ़ेसबुक पर वह महज़ होने भर को थी। अलबत्ता उसने यह ज़रूर बताया था कि वह अपने पापा के चित्रों के फ़ोटो प्रिंट्स बेचने के लिए कोई फ़ेसबुक पेज चलाती है।

देह हमारे बीच लस्ट और लव के सही-सही मिश्रण में थी। फिर? कोई तीसरा? मैं यह जानता था कि मेरे आस-पास तितलियों ने पर फड़फड़ाए थे, जिनके पर मैंने उँगलियों में रंग न लगे, इस एहतियात के साथ छू कर छोड़े थे। कभी उन्हें ज़िन्दगी में भीतर नहीं लाया। जिसका मधुरा को एक जायज़-सा अन्दाज़ था। बल्कि एक समारोह में एक तितली उसके सामने ही मेरे कॉलर पर आ बैठी थी, जिसे देखकर मधुरा ने बीवियों जैसी कोई अहमक़ाना हरक़त नहीं की। न ही घर आकर ताना कसा।

उस रोज़ हमने रॉयल राईडर्स का मैच जीता था, मैं कैप्टन था टीम का, एक सीनियर आर्मी ऑफिसर की बेटी ने आकर चूम लिया था। सबने देखा, सबने महसूसा कि मधुरा को कैसा विश्वास है, अधिराज पर। एक सहेली ने उसे टोका तो बोली—"अरे! वह लड़की तो कितनी बच्ची-सी है। आजकल लड़कियाँ अपने पिता का भी तो चूम कर अभिवादन करती हैं।"

मधुरा से न तो शॉपिंग अकेले होती थी, न वह बच्चों के स्कूल कभी अकेले गई, न मेरे सामाजिक दायरे के बाहर कोई दायरा उसका अपना था। लव बर्ड्स कहते थे, मेरे सर्कल के लोग हमें। हमारा जोशी परिवार संक्षिप्त था। कोई ज़िम्मेदारी नहीं। मेरे माता-पिता छोटे भाई स्वराज के पास जर्मनी में रह रहे थे।

फिर?

~

मैंने बच्चों के लिए लम्बी छुट्टी ले ली। मेरा और उसका अधिकतर समय तो बच्चों के साथ बीतता। बहुत-सा समय भीतर जो बीत रहा था, उसी सवाल के हल में डूबा था। मैं इस बीच एक बार बच्चों को लेने, परकोटे के भीतर अपनी ससुराल गया। मेरे ससुर इस घर का सूर्य थे जो अस्त हो चला था। घर बची हुई रोशनियों में उदास था। यह वही घर था, जिसमें मधुरा रही थी विवाह से

पहले। पुरानी बसावटों के बीच असमानुपाती घर। ज़रूरतों के हिसाब से जिसमें कमरे, मंज़िलें, दालान, सीढ़ियाँ बने हों। पीले-लाल पत्थर के गोखड़े। गोखड़ों की जालियाँ, बारजे, आँगन और ऐन बीच से मुँह उठाए खड़ा पीपल। दीवारों से सटे पड़ोस के सहन और दूसरे चचेरे भाई के हिस्से की छत पर जाकर गुम हो गई सीढ़ियाँ और दरवाज़ों में लगे अबोली के साँकल-ताले।

मधुरा के पिता मिनिएचर पेंटिंग की दुनिया के शीर्षस्थ नाम थे। बिना गुमान बड़े-बड़े सम्मान उनकी बैठक और शयनकक्ष में तरतीब से लगे रहते थे। वे पेंटर थे। मगर स्टूडियो जैसा कोई कमरा उनके पास न था। उनके सोने के कमरे में एक सादा पलंग था और ज़मीन पर सादा फ़र्श, जिस पर तीन छोटी-बड़ी चौकियाँ और मखमली आसन थे। जिन पर वे बैठकी मुद्रा में योगी की तरह मेघदूत की चंचल विद्याधरियों, कामाग्नि में जलती विरहिणी यक्षिणी की अधखिली जँघाओं में रंग भरते। उनके दो-एक चेले और तीनों बेटे बिना मन भटकाए, गुरुकुल के शिक्षार्थियों-सा भाव लिए पीन पयोधरा बनी-ठणी के पारदर्शी ओढ़ने में से आवृत्त कम अनावृत्त ज़्यादा होते, वक्ष बनाना सीखते। कमरे के पार खुलती छत कुछ शेड से, कुछ पेड़ से और कुछ पतंगों वाले आसमान से ढकी थी। एक कोने में उनकी रंगों की प्रयोगशाला थी। एक काठ की पुरानी अलमारी में रंगीन मिट्टियाँ, लवण, चूर्ण धातुएँ रखी रहतीं, जिनसे उनका एक न एक चेला रंग बनाया करता। ज़्यादातर चेले बेटे, भतीजे, भाँजे थे, किन्तु बाहर से सीखने आने वाले दो-तीन चेलों के लिए इस छत पर अलग से सीढ़ियाँ बनी थीं, जो मस्जिद वाली गली में उतरती थीं। जिन्हें इमली का पेड़ ढके रखता। छत पर एक दीमक खाए चौखटे वाला विशाल गोखड़ा था, जिससे पूरा घर बारातों, ताज़िए, गणगौर और तीज की सवारियाँ देखा करता।

इस घर में अटके थे कुछ अतीत-चित्र

''नदी तट पर नंगे पैर विचरती लक्ष्मी के केशों को आपने इतने भारी जूड़ों में कस दिया है।''

''लक्ष्मी है, देवी है बेटा! मुक्तकेशिनी कैसे छोड़ूँ ?''

''पर यहाँ तो वह रमणी है, पापा। शेषशायी विष्णु के चरणों को चाँपने

की ड्यूटी से मुक्त। अपने में मगन। उल्लू पर सवार न होकर उसे उँगली पर पालतू की तरह बिठाए। आप प्रयोग कर रहे हो चित्रों में तो, आस्था क्यों रोक लेती है? परम्परा क्यों बींध देती है?''

''तुम्हारे कहने से मैं लक्ष्मी को जीन्स पहना कर बाइक पर फ़र्राटा मारते कैसे रच दूँ?''

''पापा!''

'रोशनी हो न सकी दिल भी जलाया मैंने।' अचानक किसी ने एफ.एम. पर चलते इस गीत पर वॉल्यूम बढ़ा दिया था। मधुरा ने गवाक्ष की जाली से झाँका, कोई दिखा नहीं। दीवार पार इमली के पेड़ से लगी एक सुनसान हवेली की छत पर लंगूर जमे हुए थे। मधुरा ने पापा के कमरे की बाबा आदम के ज़माने की घड़ी को देखा, अपना सामान समेटने लगी।

''आज यहीं रुक जा बेटी। बहुत दिन हुए बाप-बेटी के झगड़े को। तुझे नए चित्र दिखाऊँगा। बातें करेंगे। पहले जैसे हँसेंगे।''

''बच्चे कोचिंग से घर पहुँचते होंगे पापा। आज शाम को अधिराज के पोलो क्लब के साथी डिनर पर आएँगे। मम्मी जी गन्ने के रस की खीर बना रही हैं, आपकी ड्यूटी है कि आप शाम को भिजवाओगे।''

''हैं, मैं नहीं आने वाला। तू जाने तेरी बाई जाने। मेरे कहने से जब तू रुक नहीं सकती तो...''

''आप मत आना, भेज देना ड्राइवर के हाथ।''

''ड्राइवर भग गया।''

''पापा, आपको भेजनी है, मैं नी जानती किसके साथ।''

''अधिराज के दोस्त गन्ने की खीर नी खाएँ तो चलेगा नी क्या? दारू के बाद खीर कौन खाता है?''

''पापा जी नो बहस! ये लक्ष्मी की सीरीज़ जब पूरी हो जाए बताना, अधिराज के दोस्त हैं, जोधपुर रॉयल...अच्छी कीमत...।''

''हैं हैं, ये सीरीज़ बिकाऊ नहीं है, मधुरा!''

''तो! यह वृंदावन के एक मन्दिर ट्रस्ट को दे रहा हूँ मैं।''

''मुफ़्त?''

''हाँ अब पुण्य कमा लूँ न! कब तक देवता-देवियों को रच-रच के बेचूँ! अब लक्ष्मी को मुक्त करूँ न!''

''ठीक! खीर मत भूलना।''

''अपनी बाई को बोल दे कि वो शिबू के साथ मोखल (भेज देना) दे।''

मधुरा उस रोज़ लौट आई थी। खीर भी पहुँच गई। खीर की तारीफ़ हुई, तो विनम्रता से मधुरा ने स्वीकार कर ली।

''बहुत मन लगा कर आप डिनर बनवाती हैं, मिसिज़ जोशी। ये खीर खाकर बचपन याद आ गया, रावलों के महाराज बनाते थे। हॉस्टल से लौटता तो माँ-सा को याद रहता कि हम...आप अब भी अपनी रसोई में यह सब बनवाती हैं।''

''मेरे मायके से बन कर आई है। आप लोगों के लिए।''

''बहुत मेहनत...।''

''जी हाँ, मेहनत तो है इस खीर में, पर मेरी माँ को अच्छा लगता है, पुराने व्यंजनों को बनाना। उस पर अधिराज की फ़रमाइश हो तो वे...।''

मैं कितना सन्तुष्ट था उस दिन। लेकिन अगले तीन दिन बाद...मधुरा के पिता जिन दिनों वे लक्ष्मी और उनके वाहन पर एक बहुत खूबसूरत सीरीज़ बना रहे थे। वे इसी कमरे में उल्लू से खेलती, मुक्त केशी लक्ष्मी का अंतिम चित्र पूरा करके सोए और कभी उठे नहीं। मधुरा बार-बार उनकी देह से लिपट कर रोकर कहती रही—काश, वह उस दिन रुक गई होती।

मैं उन्हीं दिनों में लौट गया, जब हम दावतें देते थे। अब न वह महफ़िलें रहीं, न रौनक़ें। मधुरा मेरी फ़रमाइशों पर न केवल खुद जुट जाती, मायके में भी माँ को, चाँदपोल की गलियों के विशेष हलवाइयों के यहाँ से यह-वह लाने में सहायकों को दौड़ा देती। घर के महाराज खीजते पर मधुरा को ना कौन कह सकता है? मधुरा स्वयं किसी को ना कब कहती है? चाहे नौकर हों, कि बच्चे कि मैं या मेरे परिवार के लोग, दोस्त।

''मधुरा का न कब सुना कँवर सा आपने? वह विशेष अधिकार तो हम

बूढ़ों को मिला हुआ था न!'' मैं यह विनम्र कटाक्ष भूल नहीं सका था मधुरा की माँ का। जब मैंने उनको बोला था, आप उस रोज़ उसे रोक लेतीं यहीं। मुझे ही वह मना कर देती...पापा जी की इतनी इच्छा थी तो।

टूट कर चाहने वाले और तूफ़ानों में लाइट हाउस बने पिता का आकस्मिक निधन निश्चय ही हताशा देने वाला था, लेकिन माता-पिता सबके एक न एक दिन जाते हैं, उस हताशा में बच्चे अपने बच्चों को छोड़ कर जान नहीं देते, यह तो हर कोई जानता है। अपने प्रति, अपने अबोध बच्चों के प्रति कोई माँ इतनी निष्ठुर नहीं होती।

वह कितनी सुन्दर, संतुलित, कार्यकुशल महिला थी। उसे एहसास था ज़िम्मेदारियों का। वह मर नहीं सकती।

आज कृष्णदेव जी की बरसी पर हम तीनों यहाँ हैं। मेरी सास बताती हैं कि मधुरा की ही ज़िद थी कि शादी के बाद मेरा कमरा बदला न जाए, मैं आऊँगी तो यहीं रहूँगी।

''पहले जापे में भी कंवर-सा, आखिरी महीने तक वह इसी दूसरी मंज़िल पर रही, हम डरते कि पैर फिसला तो...''

''हाँ याद है।''

मधुरा को गए दूसरा महीना बीत रहा है, उसका कमरा ज्यूँ का त्यूँ रखा है। जैसलमेरी कशीदे वाले रंगीन चटख कुशन। गाढ़े लहकदार रंगों के साटनी पर्दे। जिनमें लगे सुनहरे घुँघरू हवा से छनकते। मैंने पहले कभी गौर नहीं किया कि मधुरा पहले चटख रंगों को इस तरह पसन्द करती थी। यह सस्ती छनछन? मैंने तो पहली ही रात घुँघरू वाले पाजेब उतरवा दिए थे। मैं मधुरा के कमरे के गोखड़े से नीचे झाँकने लगा। नीचे बावड़ी थी, पीछे इमली के पेड़ से ढकी सीढ़ियाँ और गली, गली के पार मस्ज़िद और वह पुरानी हवेली। बावड़ी में पानी नहीं, मुहल्ले का कचरा ठुँसा था।

मधुरा जब थी, मैंने कभी इस पुराने अजायबघर में दिलचस्पी नहीं ली। मैं ससुराल बहुत बड़े अवसरों पर ही आया। शादी-ब्याह, अपने बच्चों के जन्म के समय भी कुछ घंटों को ही आया। बाद में मेरे दो साले शहर के बाहरी हिस्सों

में आ बसे तो वहाँ मैं अपने सास-ससुर से मिल लेता। इस मुहल्ले तक गाड़ी लाना, ड्राइवर तक के बस की नहीं। दो गली पहले कार पार्क कर पैदल इन भीड़ भरे गुंजलों में चलना भी बहुत झंझट का काम लगता था मुझे। उसने तो कई बार कृष्णदेव जी को और अपनी माँ को साथ रहने को आमंत्रित किया। मैं वह पुराना घर बिकवा कर परकोटे के बाहर किसी कॉलोनी में घर बनवाने की ज़िम्मेदारी तक ओढ़ने को तैयार था, लेकिन मधुरा ने ही सिरे से नकार दिया। बड़े भाई परीक्षित, मधुरा और सास-ससुर को छोड़ किसी को मोह नहीं था उस पुराने घर से। इस पुराने घर से उन लोगों के लगाव को मैं नहीं समझ सका था, पर अब मैं समझना चाह रहा हूँ, मधुरा का लगाव इस घर से, इस कमरे से। मैं कभी एक रात से अधिक यहाँ नहीं रुका लेकिन बच्चों को घर भेज कर मैं यहाँ दो दिन रुक गया।

मैं रात भर उस कमरे को किसी ख़जाने की प्रत्याशा से खोदता रहा। मुझे उसकी अलमारी का, एक काठ की मंजूषा का ताला तोड़ना पड़ा। मुझे तीन पुर्ज़े मिले। बिन तारीख, बिन नाम—हिन्दी में लिखे, जिनमें पहले का अर्थ मुझे खुद पता न था। किसी मध्यकालीन कवि के लिखे किसी पद-सा।

पहला—

ठाकुर या मन परतीती है जो पै स्नेह न मानती व्है हैं
आवत हैं नित मेरे लिए इतनों त विशेष कै जानती व्है हैं।

दूसरा—

गूँगा आँगन
गूँगा कमरा
करे न कोई बात (राही मासूम रज़ा)

तीसरा—

ये वो चीज़ें हैं जिन्हें देख कर तुम्हारी याद आई। ये उपहार नहीं हैं। ये कंकर-पत्थर हैं। मैं हैरान हूँ तुम्हें क्रीम कलर पसन्द नहीं फिर भी उसी रंग की साड़ी पहने हो।

और मिली एक हैंड-मेड पेपर की डायरी, जिसमें कई हिन्दी की कविताएँ

थीं, जिनकी तारीखें उसके कॉलेज के दिनों की थीं। कुछ उसकी अपनी, कुछ बड़े कवियों की।

रोज़नामचा डायरी के पीछे दर्ज था—

मैं गर्भवती होकर मायके लौटी हूँ। मेरा कहीं जाने का मन नहीं करता। लज्जा आती है। जिन गलियों में फ्रॉक पहन कर डोले होओ।

दरवाज़ा खुलते ही इमली और नीम के फूलों की खट्टी-मीठी-तुर्श महक से भर जाने वाला मेरा ये कमरा, बाँहें फैलाए है। मेरे कमरे के दरवाज़ों, खिड़कियों के परदों में लगी घंटियों की आवाज़। वह मस्जिद की मेहराबों के पीछे लुका-छिपी खेलती हवा के साथ बजती बाँसुरी में राग हंस ध्वनि! ये छोटे अजीबोग़रीब उपहार! चाँदी की छोटी डिबिया। चीड़ जड़ी पोटली, नन्हे गणेश, कौड़ियों जड़ी इडोनी। जैसे मेले की गँवई ख़रीद।

मैं हैरान थी, क्या ये शिबू की बदमाशी है? एक रोज़ कान पकड़े तो उसने उस इमली वाली हवेली की तरफ़ इशारा किया। वहाँ कोई नहीं था। पर कोई तो था, कोई सफ़ेद फ़रेब!

''भूल गईं? लड़कियाँ होती ही फ़रेब का दूसरा नाम।''

''वो गैला-सा तेरा दोस्त? संगीत मास्टर?''

''समर नाम है उनका!''

''अब भी यहीं रहता है उस मनहूस हवेली में?''

''आधी बिक गई।''

''शादी नी की?''

''ऊँह! जाने दो तुम्हें क्या? तुम बताओ, इस बार भी कँवर सा पोलो टीम के कैप्टन हैं? हैं जीजी, हमें कोई नी घुसने देगा, क्या रामबाग पैलेस के पोलो ग्राउंड में। पास दिलाओ न।''

''सुना, तुझे लाखों का कॉन्ट्रेक्ट मिला, जयपुर के पुल और सड़क के किनारों पर चित्रकारी का।''

''हें हें। मैं कोई अकेला थोड़े ना हूँ, उसमें दसेक लोग हैं, पर बाऊ जी का आशीर्वाद और सिफ़ारिश से मिला। पहला पेमेंट हो गया।''

''तो शादी कर ले।''

''हैं! सब येई कहते हैं। शादी से क्या मिलता है जीजी? लोग आपको बदलने पर तुल आते हैं। आप, आप कहाँ रहीं। लेडी बन गईं।''

मैं उस दिन कितने दिन बाद हँसी। उसने मेरी मुट्ठी में चिट्ठी और एक पोटली पकड़ा दी। मैं सिहर गई।

''ये वो चीज़ें हैं जिन्हें देख कर तुम्हारी याद आई। ये उपहार नहीं हैं। ये कंकर-पत्थर हैं। मैं हैरान हूँ, तुम्हें क्रीम कलर पसन्द नहीं फिर भी उसी रंग की साड़ी पहने हो। तुमने शिबू से कहा कि तुम्हें राग बसन्त पसन्द है। मैं बजाता, बसन्त ही बजाना शुरू किया था। लेकिन क्या जाने क्या हुआ कि मैं बजाते-बजाते राग मारवा बजा बैठा, मरुस्थल की पीली आँधी ने मेरे ज़हन को घेर लिया था। तुम बेचैनी में उठ कर गोखड़े तक आईं, मुझे ग्लानि हुई, क्योंकि तुम्हारा पूरा टाइम चल रहा था। अगले दिन तुम्हें अस्पताल जाना पड़ा। मुझे माफ़ कर देना।''

इस व्यक्ति को मैं ठीक से जानती तक नहीं। दूर से यह मेरी छोटी-छोटी पसन्द जानता है। यही है क्या 'प्रेम' जो पुच्छल तारे की तरह कई सौ बरसों में दिखता है। जिसकी स्त्रियाँ केवल कल्पना करती हैं।

एक के अन्दर एक बन्द होने वाली काठ की गुड़िया में आखिरी गुड़िया में यह ख़त बन्द था।

गली में नीचे लड़कियाँ सितौलिया खेल रही हैं। उनमें नीली मख़मल की फ्रॉक पहने मैं भी हूँ। छह साल की मैं। मैं आठ साल के समर को सफ़ेद टोपी लगाए उसके अब्बू के साथ जाते देख सकती हूँ। जो मुड़-मुड़ कर केवल उसे देखता है। लेकिन अब ये घड़ियाँ अतीत हुईं। गेरू पुती दीवार के आले में मैंने पोटली में बन्द उपहार रख दिए हैं।

एक जगह और दर्ज था—

मैं जिनके साथ रहती हूँ, वे कहते हैं कि वे कभी सपने नहीं देखते। असफ़लता शब्द उनके कैटलॉग में नहीं है। हम चार जनों के लिए घर के बाहर दो गार्ड और भीतर चार नौकर रहते हैं। छत नहीं है उनके घर में, ढलवाँ छतों वाली विला है, जबकि यहाँ बर्फ़ नहीं गिरती। उन्होंने बच्चों को कभी क्रेयॉन्स

लेकर नहीं दिए कि दीवारों पर बनी बाल कलाकारियों से उनको चिढ़ है, सीधे कम्प्यूटर दे दिया। मैंने वहाँ पायल नहीं पहनी कि उनको रुनझुन नहीं पसन्द। बहुत यारबाश हैं वो। बहुत सोशल। घर के बाहर के लोगों से दोस्तियाँ उनको जगर-मगर रखती हैं। तीखी मूँछ, ऊँचा माथा, चमकदार हँसी। वो कहते हैं कि लोग उनको पसन्द करते हैं, जो लोग उनको पसन्द करते हैं ये उन्हीं लोगों को पसन्द करते हैं। क्या ये खुद के अलावा किसी को पसन्द कर सकते हैं? अनजाने में ये जिन संभ्रांत-शाही लोगों की नकल करते हैं, वो लोग जानते हैं कि ये उन लोगों में से नहीं, तो ये कहते हैं कि वे भी उन लोगों को केवल पोलो की वजह से झेल रहे हैं। क्योंकि पोलो इनका पैशन है। पर जब चाल, हँसी, कपड़े, जैसे ब्रीचिस (breeches) और जोधपुरी कोट, बातें, खाने की पसन्द और अन्दाज़, गाड़ियों की ब्रांड्स को लेकर मैं इनको उन लोगों की नकल करते पकड़ लेती हूँ , जिनसे यह एक किस्म की नफ़रत करते हैं तो वे खिसियाहट चेहरे पर ले आते हैं। एक अजीब किस्म का चश्मा लगाए हुए हैं। वे हर किसी को क्लासलैस (स्तरहीन) कह देते हैं। मैं चाहती हूँ कि वे उसे हटा दें, ताकि मैं भी उन्हें अपनी मौलिकता में दिखूँ। मैं कब इतनी सहज होऊँगी कि उनसे कह सकूँगी—क्लासलैस और क्लास के परे भी बहुत कुछ होता है।

मुझे हल्के रंग की शिफॉन साड़ियों में देखना ही इनको पसन्द है, ये खुद को किसी फ़िल्मी हीरो-सा मानते हैं। क्या होगा जब मैं किसी नायक की सुन्दर पोर्सलीन में ढली गुड़िया-सी फ़िल्मी पत्नी के क़िरदार में बन्द ऊब जाऊँगी? नीरजा कहती है, उसे मेरा जीवन पसन्द है। एक पोएटिक लाइफ़। फ़ुल ऑफ़ रोमाँस। पोस्टरों से उतरे प्यारे बच्चे। टॉल डार्क हैंडसम पति। कला का पारखी। कमाल की आवाज़ जिसकी। कभी-कभी नीरजा और उस जैसे कइयों की इस ख़ुशफ़हमी को तोड़ देने का मन करता है। पर क्या कह कर? क्या उन्होंने शिकायत का कभी मौका दिया? कभी तेज़ आवाज़ में बोले? आप से तुम तक नहीं कहा। किसी बात के लिए नहीं रोका।

सपनों की सी दुनिया भी कभी-कभी बुरी लगती है क्या? क्या मैं बेवजह खुशी में असंतुष्टि खोजने के महान तर्क खोजती हूँ। पास में नदी होते हुए, तृष्णा की तरफ़ डग भर रही हूँ? अतितृप्ति की मारी हूँ? तृष्णा के लिए तृषित?

उन्होंने महज़ एक बार पूछा था अतीत? पहले बच्चे के जन्म के बाद जब मेरे मायके में सूतक लगे थे और यह मेरे सिरहाने बैठे थे। घर चलने की ज़िद लिए। प्रेम या देह का कोई अतीत न होते हुए भी मैं पसीने में डूब गई थी। लेकिन कुछ था जिसका हक़ीक़त से कोई वास्ता न था। पिताजी ने हर रात सिरहाने कैंची रखी थी और कमर तक लम्बे बालों को तेल लगा कर बाँधे रखने की सलाह दी थी। वे सोचते हैं कोई भूत या जिन्न मुझे नींद में चलाता है कि मैं संगीत की स्वर लहरी पर सम्मोहित तीसरी मंज़िल पर चल देती हूँ। मस्जिद पार तान उठती है—'खबर लीन्ही न मनरंगवा बिसर गई मधुबन में...' मैं मौत से नहीं डरती। यदि कभी मैं मरती हूँ तो मेरे साथ ऐसे अलौकिक पल जाएँगे जिन्हें शायद ही किसी ने जिया हो। मध्य रात्रि के उन रागों की मानिंद जो जीने और मरने के बीच का फ़र्क भुलवा दें।

अधिराज, आज यह किससे मिल रहा है? अधिराज अपनी मृत पत्नी की अजनबी देह गन्ध से हैरान है। वह तीसरी मंज़िल की रेलिंग पर अपनी बाँहें टिका कर खड़ा है। तीन पुर्ज़े हाथ में फहरा रहे हैं। सामने इमली के पेड़ के पीछे चोर नज़र से ताकती हवेली आधी गेरुआ पुती है, जो बिकी नहीं, बाकी आधी सफ़ेद डिस्टेंपर से चमक कर फूहड़-सी दिख रही है।

~

कृष्णदेव जी के कमरे में, अब उसी मुद्रा में मधुरा के बड़े भाई परीक्षित बैठते हैं। उस रोज़ मुझे परीक्षित जी से मिलने आए लोगों में शिबू मिल गया। शिबू करीबी था मधुरा का, उसका हर छोटा-बड़ा काम करना...यूँ शिबू शिष्य था कृष्णदेव जी का। मधुरा और उसके पिता का मैसेंजर और सहायक भी था। वह मुझसे नज़र बचा कर गुज़र रहा था। मैंने आवाज़ दे दी।

"पहले इतना आते थे, अब तुम्हारी दीदी न रहीं तो...एक बार...चलो उसके कमरे में चल कर बात करें," मैंने उसके कन्धों पर दबाव बना कर कहा।

"क्या कहें कँवर सा...बहुत परेशान था मैं कि..." वह कातर होकर बोला।

''तुम्हें कुछ पता है कि वह...क्यों चली गई?''

''हें हें कँवर साब...हम क्या जानते हैं?'' वह उसके दबाव से कन्धे छुड़ाता-सा बोला।

''तो मिलने क्यों नहीं आए? कुछ तो है शिबू जो तुम... ।''

''भाईजान, जाने वाले की रूह सुकून पाए। बहुत ज़िद ठाने हैं आप हमें गुनहग़ार बनाने की तो सच तो यह है, जो जानता है, वो जानता है, जो नहीं जानता उसे जानने की ज़रूरत क्यों हो। कम कहेंगे, कम में ही ज़्यादा समझ लेना। हम कलाकार आदमी हैं, इशारों में रचते हैं, इशारों में कहते हैं। बहुत कहने की आदत हमें है नहीं। सच पूछो तो, मधुरा दीदी के लायक़ आप थे नहीं। आप कहेंगे—क्या बकता है बे छोकरे? दुनिया की नज़र में आप पुलिस के बड़े अफ़सर, शहर के नामचीन लोगों में आपकी बैठकी।

''लेकिन आप मधुरा दीदी के लायक़ यों नहीं थे कि आपने, छज्जे पर बढ़त पाती मधुमालती सीधे उखाड़ कर अपने बगीचे में लगा ली।

''आप समझदार हैं, सच्चे ईमान वाले हैं, परलोक सिधारी रूह का कोई अपना नहीं होता आप जानते हैं। उसकी रूह को बिंधा काँटा कौन था, क्यों था! इस पहेली में मत पड़िएगा। हमें भी बस अन्दाज़ का भी अन्दाज़ भर ही रहा। हमने कोई ज़लालत इस गुनहगार आँख से नहीं देखी। पर आँखों की अलगनियों पर सूखते ख़्वाब और होंठों की दबी मुस्कानों में झरती इनायतें देखीं। हम बारह साल की उमर से औरत के जिस्मानी और दिमाग़ी खललों से वाक़िफ़ रहे, हर दोज़ख़ देखा, हर जन्नत चख ली। कतई नहीं मानते थे कि साला औरत मर्द के बीच कोई इश्क़ मजाज़ी या हक़ीकी होता है, पर अब मानते हैं।

''हम कट्टर मुसलमान हैं भाईजान। हमें उनकी पागलपंती कतई भली नहीं लगी थी। हर जुमे वज़ू से पहले निगाह ऊपर। नमाज़ भी शायद उन्हीं के नाम की पढ़ते रहे हों तो खुदा का कुफ्र। हमें गुस्सा आता, ख़ामख़ाँ, एक बेहतरीन ख़ानदानी बिरहमन लड़की, जिसे उसके बाप और भाइयों ने सिर आँखों पर रखा हो। जिसकी ख़ूबसूरती पर हूरें शर्माएँ। तुम सरकारी स्कूल में संगीत के मास्टर। हमने कही—समर भाई। फ़िज़ूल है यह ज़हमत।''

''हमको वह चाहे कि न चाहे हमें तो नेह को नातों निबाहनो है,'' वो कहते।

''पिटोगे,'' हम कहते।

''वह नौबत आएगी नहीं, शिबू। हम जानते हैं अपनी हदें और उनकी शालीनता को भी। हमें कुछ नहीं चाहिए। अपनी मैली आँखों से देखें भी ना।''

कृष्णदेव जी की मेघदूत सीरीज़ की एक पेंटिंग ख़रीदने में उन्होंने अपनी उस पुश्तैनी हवेली का एक हिस्सा बेच दिया था।

''कैसा दिखता था वो?'' मेघदूत सीरीज़ की पेटिंग ख़रीदने वाले अपने रक़ीब को देखने की चाह मुझे भी हो आई थी।

''बहुत ही डेढ़ पसली का आदमी। लड़कियों जैसा पतला चेहरा, घने बाल। दरम्याना कद, दुबले। पीलापन लिए गोरे। हल्की भूरी कत्थई आँखें। पुराने फ़ैशन के कपड़े पहनते हैं। चेहरे पर हमेशा हवाइयाँ।''

''तो तुम कैसे कह सकते हो वह उसके लायक थी।'' मेरी आवाज़ में तुर्शी आ गई थी।

''ये हमने कब कही कि वे उसके लायक थीं? कतई नहीं। वो तो एकतरफ़ा जज़्बा। वो पागल तो गंगू तैली जैसा चंट भी कहाँ था।''

''फिर?''

''ये शिकवा तो रहेगा भाईजान कि आपने उनको बदल डाला था, वो ऐसी नहीं थीं, जो आपके यहाँ जाकर हो गईं। उनका ब्याह किसी कलाकार से ही होना चाहिए था। किसी ऐसे बन्दे से जो उस दरिया को बाँधता नहीं।''

''कैसी थीं?''

''क्या कहें भाईजान, उनके मिज़ाज में एक ख़ास किस्म की शाईस्तगी थी। इंद्रधनुष रंगों में वे खिलती थीं। उनके कान पक्के संगीत के जानकार थे। चित्रों की क़दर थी, कृष्णदेव जी से छुप कर वे बनाती थीं चित्र। एक पल कहीं टिकना नहीं। अभी इस छत पर तो अभी सड़क पर...गली के बच्चों के साथ सितौलिया, रस्सी टापना छूटा भी नहीं था कि आप शादी कर के ले गए। आप में और उनमें उमर का फ़र्क भी था।''

''हमारा प्रेम विवाह था।''

''हमें तो लगा था कि वे खुद से ही घबरा गई थीं। हवेली से उठता संगीत खींचता था।''

"अब कहाँ है वह बन्दा?"

"चले गए। जिस दिन अखबार में खबर पढ़ी उसके तेरहवें दिन...।"

"कहाँ? डर कर?"

"डरता क्यों भला। वो तो कृष्णदेव जी के इंतकाल तक पर उनकी ड्योढ़ी नहीं चढ़े। चाहते तो ढाढ़स देने आते लेकिन नहीं...मधुरा दीदी के जाने की खबर पढ़कर वे हक्के-बक्के ज़रूर रह गए! आप ही की तरह उनको भी नहीं पता था कि क्यों? उन्होंने हमें बस यह कहा कि वे निकल रहे हैं कैलाश मानसरोवर...।"

"वो तो मुसलमान हैं...।"

"हाँ तो...।"

विवाह होने के दो साल पहले का कोई एकतरफ़ा मूक प्रेम! कोई सिरफिरे संगीत टीचर का। उसकी चिट्ठियाँ। क्या मधुरा ने उत्तर दिए? यकीनन नहीं दिए होंगे। मैं सोच रहा था। लेकिन शिबू ताड़ गया।

"भाईजान वह लगाव एकतरफ़ा ही था हमारे जानें तो। मधुरा दीदी हँसती थी उस पर उसकी हिमाक़त पर। लेकिन लौट कर आतीं तो पूछती—तेरे गैल्ये संगीत मास्टर ने निकाह किया? मेरे मना करने पर उदास हो जातीं।"

लेकिन उसकी डायरी में लिखे ये शब्द क्या कहते थे?

'मैं मौत से नहीं डरती। यदि आज मैं मरती हूँ तो मेरे साथ ऐसे अलौकिक पल जाएँगे जिन्हें शायद ही किसी ने जिया हो। मध्य रात्रि उन रागों की मानिंद, जो जीने और मरने के बीच का फ़र्क भुलवा दें।'

ऐसी गूढ़ बातों ने मुझे और निराश, और अकेला कर दिया।

क्या वह वहाँ परकोटे में घुसते ही दांपत्य और बच्चों की माँ होने का एहसास उतार फेंकती थी? क्या वह उसके साथ पिंजरे में मानवीय गीत गाने वाली मैना की तरह रहती रही? जिसके गीतों को वह खुशी का गीत समझता था, वो तो रटे हुए, ओढ़े हुए शब्द मात्र थे? उसके मैना होने की टिटकार तो कुछ और ही थी। खग की भाषा!

मैं पागल हो रहा था दिन-ब-दिन। मैं संकोच छोड़ रहा था लोगों से पूछने में कि मेरी बीवी की मौत की वजह जानते हो तो प्लीज़ बता दो। बच्चों तक को पूछा—

''क्या कोई आता था?''

''पापा, हमारे यहाँ तो हर कोई गार्ड के रजिस्टर में नाम लिखा कर आता है। मम्मी फ़ोन पर बात करती थी किसी से?''

''पापा आप हमें सँभालने की जगह कैसी बातें पूछते हो? आपको हमारे दु:ख से कोई लेना-देना नहीं?'' राजधिराज ने एक दिन डपटते हुए मुझे आईना दिखा दिया।

मैं इतनी अजीब स्थिति में था कि मुझ जैसे नास्तिक और वैज्ञानिक सोच की एकदम निष्ठुर सीमा वाले को इन दिनों कोई कहता कि 'आत्मा को बुला कर पूछने की विधा वह जानता है।' तो आँख मूँद कर उसके साथ चला जाता, एक बार पूछता ज़रूर। अब मधुरा की दूर की रिश्तेदार और सहेली नीरजा ही थी जो हमारे सोशल सर्कल में थी, जिसका नाता परकोटे के भीतर की मधुरा और एस.पी. की पत्नी मधुरा दोनों से रहा। मैं उसके ऑफ़िस में उसके सामने जा बैठा।

''अरे अधिराज! कैसे हो?''

''मैं ठीक हूँ, पर यह जानना चाहता था कि मरने से पहले मधुरा तुमसे मिली?''

''एक बार।''

''बस यही, इतना ही या और कुछ भी?''

''कुछ नहीं। जो हुआ बेहद दु:खद।''

''क्या कोई चुप रहने, मुझसे छिपाने का षड्यंत्र है? उसका किसी से कुछ...।''

''अधिराज!''

''तो तुम भी सोचती हो वह मेरे यहाँ खुश नहीं थी? मैंने उसे बदल डाला?''

''नहीं पता क्या जवाब दूँ,'' वह कुछ पल चुप रह कर बोली।

''आप खुद जानते होंगे कि वह थोड़ी अलग तो थी। उन लोगों में से जिनके बारे में आप सोचोगे कि आप उनको समझते हो, उसके अगले ही पल वो कुछ और निकल पड़ते हैं। आपको लगेगा आप कुछ नहीं जानते।''

''नहीं वह कोई रहस्यमय नहीं लगी मुझे जब तक ज़िन्दा थी। सादा दिल औरत थी। मरने पर तो हर कोई रहस्य ढूँढ़ता है। पिता की मृत्यु ने उसे कुछ रोज़ उदास किया था।''

''कुछ रोज़? मुझे लगा वह उनकी मृत्यु के दुःख से, उनके पास न होने के पछतावे से उबरी ही नहीं।''

''क्या तुम्हें कभी लगा नीरजा कि कुछ और हो सकता है मधुरा के साथ, कोई मानसिक विचलन, बेवफ़ाई, कोई चोट!''

''अधिराज, आप अपना ख्याल रखें।'' वह आह भर कर मेरा चेहरा देखने लगी कि मानो मैं दुःख से सनक गया हूँ।

''तुम उस संगीत मास्टर को नहीं जानतीं?''

''कौन?''

''मस्जिद के पास की हवेली वाला।''

''ऐसा कोई वजूद ही नहीं था अधिराज! आप कैसी बातें कर रहे हैं। हम दिन भर साथ रहते, साथ कॉलेज आना-जाना। छत पर गप मारना। मैंने कभी ऐसा जीव नहीं देखा। आप अपना ख्याल रखें, कहीं और मन लगाएँ।''

''मैंने जिस मधुरा से शादी की, और जो मर गई वे दो बिलकुल अलग व्यक्ति थे। यह तो मानोगी?''

''हम्म।''

''या एक ही व्यक्ति के दो रूप।''

''अधिराज, मानो न मानो पिता की मौत ही के पीछे उसका जाना था। मेरी मानो तो पीछे मुड़ कर मत देखो अधिराज। अपने और बच्चों के लिए आगे बढ़ो। अपने को ऐसी चीज़ें कर क्यों यंत्रणा दे रहे हो? कैसे हैं राजाधिराज और सृष्टि?''

''मुझे सच पूछो तो पता ही नहीं। मेरी माँ ही आजकल उनको देख रही हैं। मुझे नहीं पता उनसे कैसे बात करूँ! राजाधिराज मुझसे ठंडा व्यवहार कर रहा

है। जैसे उसकी माँ के जाने की वजह मैं हूँ।''

''हो सकता है वे आपको इस तरह पीड़ा में देख कर परेशान हों? आप उनसे बात करने की कोशिश करो। वे अपना दुःख तो झेल रहे हैं, आप अपना और उनपर मत डालो। उन्हें बाहर ले जाओ बदलाव के लिए।''

जब मैं घर पहुँचा, उसके कमरे में रजनीगंधा के फूल लगे थे। ओह यह सृष्टि का काम होगा। मेरी प्यारी बच्ची। मुझे याद आया माँ ने हिदायत दी थी कि मैं सोने के समय घर पर रहना याद रखूँ। आज भी देर हो गई।

''वे तुम्हें मिस करते हैं अधि। वो जानते हैं, तुम्हें सँभलने के लिए वक्त चाहिए। सृष्टि रात को डरती है। बुरे सपने देखती है। राजाधिराज समय से पहले बड़ों-सी बातें करने लगा है।'' माँ ने आज सुबह ही तो घर से निकलते हुए कहा था मैं भूल गया। अपनी भटकन में।

मैं कपड़े निकालने के लिए वार्डरोब की तरफ़ बढ़ा। घर में हर जगह मधुरा की विगत उपस्थिति का राज था। जिसे मैं बदल नहीं सकता था। हताशा में मन तो किया सब निकाल कर फेंक दूँ, तोड़ दूँ। मुझे सोए हुए अरसा हो गया था, जिस्म थक कर चूर था, दिल सूज कर दर्द से बेहाल, लेकिन मेरा दिमाग सो नहीं रहा था, ओवर टाइम कर रहा था।

बिस्तर पर पड़ते ही मुझे याद आया कि सुसाइड नोट न मिलने तक मधुरा की मृत्यु के तुरन्त बाद एक अजाने भय के तहत उसके फ़ोन से मैंने उसका नया सिम निकाल कर पुराना डाल दिया था। तब तो एक सुन्न मनःस्थिति में मैंने उसे वॉलेट में रख लिया था। अब कई दिन बाद उसका ख्याल आ रहा है। मैं तुरन्त उठ बैठा, सिम की खोज में वार्डरोब बिखेर दी, एक डर्टी लिनन बैग में वह पैंट मिल गई, जेब में सिम भी, तो उसी वक्त फिर उसे उसके फ़ोन में डाल दिया। उस सिम को लगाने पर मुझे उसके कॉन्टेक्ट लिस्ट में कुछ नया नहीं मिला। वाट्सएप पर भी बहुत कम संपर्क थे। एक रोज़ एक अजनबी औरत का फ़ोन मधुरा के फ़ोन पर आया, मैं चौंक गया कि मेरे साथ यह क्या हो रहा है।

''आप 'अधीर' हैं?'' मेरे और मधुरा के नितांत निजी पलों का नाम यह कौन जानता है? मैं मधुरा की किसी ऐसी अन्तरंग मित्र को नहीं जानता था कि जिससे वह मन की बात करती हो।

''जी नहीं, मैं 'ए.आर. जोशी'

''आप मधुर के पति नहीं ?''

''जी हूँ।''

''मैं आपका दर्द समझ सकती हूँ।'' यह सुन कर मैं खीज गया, आजकल हर कोई यही दावा कर रहा था।

''जी।'' मैं कह कर फ़ोन काट सकता था। लेकिन मेरे नितान्त निजी फ़ोन पर आई इस कॉल और 'सम्बोधन ने उत्सुक कर दिया कि शायद यह कुछ जानती हो मधुरा के बारे में।

''आप कौन हैं ? और कैसे जानती हैं, यानी जानती थीं उसे।''

''मैं उसकी फ़ेसबुक फ्रेंड हूँ।''

''पर वह फ़ेसबुक पर कभी सक्रिय नहीं थी।''

''वह मैं नहीं जानती 'मधुर शिवा' नाम की एक बेहद सुन्दर युवती मेरी फ़ेसबुक मित्र थी, हम हर शनिवार सुबह आठ से दस चैट करते थे। कुछ महीनों से वह नहीं दिखी। मैंने एक महीना पहले उसकी वॉल देखी वहाँ कुछ लोगों ने 'रेस्ट इन पीस' लिखा हुआ था। मुझे विश्वास नहीं हुआ। तब मैंने उसके दिए इस नंबर पर कॉल किया है। यह नंबर बहुत अरसे से स्विच ऑफ़ आ रहा था।''

''आप जानती हैं उसकी समस्या क्या थी ?''

''मैं ? बल्कि मैं आपसे यही पूछना चाहती हूँ।''

''सच पूछें तो मैं यही कहूँगा, नहीं जानता। बहुत कुछ नहीं जानता।'' मैं डूब रहा था। नए-नए रहस्योद्घाटनों से।

''मेरे हिसाब से तो वह इस क़दर बैलौस शख़्सियत थी कि उसे लगता था, उसे बहुत कुछ करना है। अपनी एक कविताओं की किताब लिखनी है। पिता की मिनिएचर शैली की देवियों का स्वरूप बदलना है। उसे अकेले विश्व घूमना है। उसे एक बार बिकिनी पहननी है। एक बार मोटा काजल लगाना है। एक बार कैबरे देखना है। एक बार सही मायनों में इश्क़...। मतलब अपने सपनों से इश्क़...मगर जाने दीजिए। हर आम ओ ख़ास औरत की तरह उसने हमेशा यह सोचा, 'दूसरे क्या सोचेंगे' या 'पहले ये कुछ चीज़ें निपटा दूँ' वह सपनों में नहीं उनके ट्रांस में जीती थी।''

"मधुरा यह सब नहीं चाह सकती थी! हो सकता है अभिनय करती हो फ़ेसबुक पर?"

"क्यों सच में नहीं? सच में तो वह बहुत सोबर-संजीदा हाउस वाइफ़ थी। उसने अपने पिता की कला को कभी हाथ तक नहीं लगाया। हाँ, कविताएँ शायद एकाध बार, वह भी मेरे जन्मदिन पर मेरे लिए, आप रहती कहाँ हैं, आप से मिल कर बात हो सकती है?"

"ख़ुदा का रोल निभाना बन्द करिए डिप्टी कमिश्नर साहब। आप हर व्यक्ति को कंट्रोल नहीं कर सकते हर समय।"

मेरे अन्दर की पुलिस चौकन्नी हुई।

"आप औरतों को नहीं जानते अधीर, मैं लंदन में रहती हूँ। कभी भारत आई तो मिलेंगे इंशाअल्लाह। मेरा नाम अज़रा नसीम बेग़ है। उसने ज़रा भी कोई नकारात्मक संकेत दिए होते तो मैं...। रोक सकती थी। मुझे बेइंतहा अफ़सोस है। मर कर उसने खुद को मेरी निग़ाह में देवदूत बना लिया। अकशास्त्र में वह कमाल थी। उसके भविष्यवाणी कभी ग़लत नहीं हुए। क़ुदरती तौर पर मैं फरिश्तों में यकीन नहीं रखती मगर वह खुद ही तो उनमें से एक थी।"

फ़ोन रख कर मैं और उलझ गया था। क्या कोई नाम किसी को समूचा बदल सकता है? मैंने इस नंबर से डाटा यूज़ कर उसका फ़ेसबुक पासवर्ड बदला और फ़ेसबुक अकाउंट खोला। 'मधुर शिवा', उसकी दूसरी फ़ेसबुक वॉल। सैकड़ों की तादाद में अजनबी दोस्त। स्टेटस में रोज़ नई कविता। एक-दो पुराने फ़ोटो में, बाकी पिता की पेंटिंग्स की देवियाँ, नायिकाएँ।

"कौन मधुरा जोशी, वह मधुर शिवा थी। हमारी बेहद अज़ीज़ दोस्त। क्या कोई नाम किसी को पूरा बदल सकता है?"

यह थी मधुरा की असल दुनिया, जिसमें उसे कुछ देर रहने की इजाज़त मिली है। वह जानता है जल्दी ही वह वक्त भी आएगा जब इस दुनिया के दरवाज़े बन्द होंगे, उस पर बत्तियाँ बुझा कर मेज़बान दरवाज़े तक विदा करने आएँगे। वह गली में होगा जहाँ से दो गली दूर उसकी गाड़ी पार्क होगी। लौटते में नुक्कड़ पर खड़े लोग उसे देख कानाफुसियाँ करेंगे—श्श, हम्म यही है

वह। चुप रहो शहर का एस.पी. ट्रैफ़िक है। इसकी बीवी इसके ज़ुल्मों से...। ज़ुल्म...क्या जाने।

ऐसा हो उससे पहले मैं वापस जा रहा हूँ, या ये कहें कि मेरा एक हिस्सा वापस जा रहा है। एक हिस्सा यहीं छोड़ जा रहा हूँ, जो त्रिशंकु बना अन्तरिक्ष में लटका रहेगा, क्योंकि इसकी जिज्ञासा शान्त ही नहीं होती। जिसे वही छूकर समझा सकेगी। मैं ट्रैफ़िक चालानों की दुनिया में, नागवार लोगों की नकली मुस्कानों में। राइडिंग क्लब और पोलो की दुनिया में...। मैं चाहता हूँ मेरा अतीत एक लगातार दूर होती याद बन जाए। जो मेरे अन्त में, मुझसे यह पूछने को मजबूर कर दे कि मैं इतना अन्धा कैसे था? इतना अनजान?

मैं उसकी मृत्यु के बाद पहली बार रॉयल राइडर्स की किसी पार्टी में गया। क्लब के हॉल में हमेशा की तरह मीठा शोर था, जो कभी मुझे जोश से भर देता था। सब दोस्ती का जाम पी रहे थे। किसी का ध्यान पता नहीं मेरी लम्बी ग़ैरमौजूदगी पर गया या नहीं, आज मौजूदगी तक पर नहीं गया। हालाँकि एक-एक बार घर आकर ये लोग सहानुभूति जतला कर गए थे। आज उसे लगा था कि लम्बी अनुपस्थिति के बाद लोग उसके लौटने के नाम का जाम पिएँगे। जबकि वह सोचता था वह महफ़िल की जान है। संगीत चल पड़ा था, लोग डांस करने लगे। मुझे लगता था वहाँ मौजूद हरेक को मालूम था कि मैं लौट आया हूँ। वे सब कनखियों से मुझ पर, मेरे व्यवहार पर नज़र रखे थे कि मैं अकेला क्या करूँगा, किस ग्रुप की तरफ़ बढ़ूँगा। वह ग्रुप कैसे प्रतिक्रिया करेगा। मैं उस वक्त खुद को अकेला पाकर भी घिरा पा रहा था।

क्या मधुरा ठीक सोचती थी?

रोज़ सुबह उठता हूँ , रोज़ रात को सोता हूँ इस विश्वास के साथ कि कुछ ठीक ही सोचा होगा मधुरा ने। कोई सही फ़ैसला ही होगा, क्योंकि वह जल्दबाज़ कतई नहीं थी। कुछ सोच कर ही चली गई होगी, कि यह गुनाहों से भरी दुनिया का निर्वात उसे अपने भीतर न खींच ले। पर कोई तो आग होगी, सीली ही सी सही उसके भीतर, जो उसे धीरे-धीरे राख कर गई। कोई तो लड़ाई रही होगी उसकी खुद से या मुझसे या इस सोसायटी से। क्या वह अपनी खुशी, अपनी ऊर्जा, अपनी हिम्मत मुझ पर, इस घर पर, इस सोसायटी

पर ज़ाया कर रही थी? अच्छा हुआ कि उसने जाना तय किया वरना उसकी बाकी की ज़िन्दगी एक भीतरी खुद को लहूलुहान कर देने वाली लड़ाई होकर रह जाती। मैं क्यों चाहता भला, वह किसी आग में जलते हुए जीती। कौन जाने जैसे मृत्यु के आखेट में फँसा जीव ज़िन्दगी की तरफ़ भागता है। वह मृत्यु को खोजती हो...मैं उसके प्रेम में पहले जो था वह था, अब अन्धा हो चला हूँ। मैंने उसकी हर आस्था पर संदेह किया। मैंने तो मृत्यु की आकस्मिकता और साँसों की तयशुदा गिनतियों पर विश्वास नहीं किया। बल्कि किसी निखालिस ऊर्जा पर भी हँसा। लेकिन मधुरा कोई ऊर्जा पुंज है, मेरे चारों ओर, चाहे वह मर चुकी है। वह जा चुकी है, अब मैं चाहता हूँ सब पहले जैसा हो जाए, मैं गौर कर सकूँ इस शहर की ट्रैफ़िक समस्या पर, मैं लौट आना चाहता हूँ, पहले वाली मन:स्थिति में।

अभिव्यक्ति से खाली, प्रेम के ऊबे, उदास लम्हों को माँज कर चमका लेने की उम्मीद तक तो वह हमेशा के लिए ले गई। मैंने देखा बहुत दिन से रुकी पड़ी बाथरूम की घड़ी अचानक चल पड़ी थी। आज दोपहर से ही बार-बार विण्डचाईम बज रहा था, मेरा ध्यान खींचता...मुझे लगा मानसूनी हवा बरसात के आने का संकेत दे रही है, बाहर बालकनी में तो हवा थी नहीं, थी भी तो बहुत मद्धम-सी। तेज़ धूप में उसके लगाए गमलों के पौधे कुम्हला कर पत्तियाँ लटका चुके थे...मैंने चाय की आधी प्याली छोड़ कर...बाथरूम से बालटी भर कर जल्दी-जल्दी उन्हें पानी दिया। ठंडी चाय एक घूँट बेमन से पी, मिनटों में ही गमले लहलहा रहे थे...विण्डचाईम अब बिलकुल चुप था। मानो इन मूक पौधों की पीड़ा मुझ तक पहुँचाने को ही बजा हो। उसके जाने और मेरे लौट आने के बीच का संक्रांति काल जो बन्द रह गया था घड़ी की सुइयों में, आज जल्दी-जल्दी ज़हन में बीत रहा था। लौटते सूरज की धूप रोज़ की तरह बालकनी में आकर बिल्ली की तरह ऊँघ कर जा चुकी थी। आज उसका फर किसी ने नहीं सहलाया था। मेरी प्याली की ही तरह दिन की चाय की रुआँसी प्याली में कुछ कतरे बचे थे धूप के।

ऐसे ही थी उस संडे की सुस्त ढलती शाम। जब वह बालकनी के झूले में लेटी *आन्ना-कारेनिना* दुबारा उठा लाई थी और पढ़ते-पढ़ते पूछ बैठी थी।

''ये आन्ना इतनी बेचैन और असंतुष्ट भला क्यों थी?''

मैं कहीं से लंच करके लौटा था, मैंने टाई उतारते हुए पता नहीं क्या उत्तर दिया था। याद नहीं। शायद कोई उत्तर दिया ही नहीं था। क्या वह परीक्षा ले रही थी? उस रोज़ उसके दिमाग़ में चल क्या रहा था? वह जिसका ज़िक्र कर रही थी, उस किताबी क़िरदार का क्या-क्या वजूद था? मैं बस यह चाहता था कि वह मेरे गिर्द बाँहें डालकर कहे, ''मैं बहुत खुश हूँ तुम्हें पाकर।'' लेकिन उसने आज तक ऐसा नहीं कहा था। हाँ, व्यवहार में दिखा पर कह देती तो कभी...

''माई डियर, आन्ना महज़ क़िरदार थी,'' मैंने पास आकर कहा।

~

''इसमें क्या, इस दुनिया में हर कोई कोई-न-कोई क़िरदार निभा रहा है।'' वह बालकनी तक चढ़ आई मालती लता के फूलों को सहलाते हुए बोली। उसके कान के हीरे झिलमिलाए।

''अब उसे क़िरदार कह लो या सामाजिक भूमिका। हम सबको निभाना होता है, न हों ये भूमिकाएँ तो भी मलाल रहेगा न कि हम किसी की पत्नी, माँ, पिता, मित्र न हुए।''

''मैं समझती हूँ। लेकिन इस निभाने में कोई सुख, कोई अदा, शोख़ी, खूबसूरती तो हो। तुम मुझे एक ख़ास अन्दाज़ में रहने को कहते हो। मैं रंगों, स्याहियों, सुरों और आलापों में व्यक्त होना चाहती हूँ।''

''तुम्हें कोई मना करता है?'' मैंने उससे हँसकर ही कहा था, पर वह संशय से मुझे देखने लगी।

''अहँ! मना तो नहीं। लेकिन...लेकिन आन्ना जैसे...।''

''छोड़ो आन्ना को यार, अब चाय पिलवा दो।''

मैंने उसके हिलते झूले को रोक कर सीधे चाय की फरमाइश कर दी थी। मैं आज चाय की अकेली प्याली और बिना हवा ही हिलते हुए खाली झूले को उत्तर दे रहा हूँ।

''आन्ना तो थी ही ऐसी कि हर कोई उसे बस प्रेम करता। लेकिन मुझसे

मिलती तो मैं पूछता ज़रूर कि 'डियर आन्ना, तुम जिसमें खुश रह सकती थीं उस परम-प्रेम, 'एब्सॉल्यूट लव' की परिभाषा क्या थी?''

मैं गहरे हरे रंग वाली नोटबुक उठाता हूँ। जिससे पन्ना फाड़ कर मधुरा ने सुसाइड नोट लिखा था। उसमें हर जगह घर के हिसाब-किताब हैं। बेतरतीबी से फटे पन्ने के अवशेष भी हैं। एक आखिरी पन्ने पर कुछ लिख कर काटा है पेन गड़ा-गड़ा कर।

मैंने अपना क़िरदार पूरे जोश से निभाया, अब और नहीं सॉरी!

❑❑❑

राजपाल एण्ड सन्ज़ की स्थापना एक शताब्दी पूर्व 1912 में लाहौर में हुई थी। आरम्भिक दिनों में अधिकतर धार्मिक, सामाजिक और देश-प्रेम की पुस्तकें प्रकाशित होती थीं और हिन्दी के अतिरिक्त अंग्रेज़ी, उर्दू व पंजाबी भाषा में भी पुस्तकें प्रकाशित की जाती थीं।

1947 में भारत-विभाजन के बाद राजपाल एण्ड सन्ज़ को नए सिरे से दिल्ली में स्थापित किया गया और साहित्यिक पुस्तकों के प्रकाशन का आरम्भ हुआ। रामधारी सिंह दिनकर, महादेवी वर्मा, बच्चन, अज्ञेय, शिवानी, आचार्य चतुरसेन, विष्णु प्रभाकर, राजेन्द्र यादव, मोहन राकेश, रांगेय राघव, कमलेश्वर और अन्य साहित्यिक लेखकों की कृतियाँ यहाँ से प्रकाशित होने लगीं। राजपाल एण्ड सन्ज़ से प्रकाशित *मधुशाला, कुरुक्षेत्र, मानस का हंस, आवारा मसीहा, कितने पाकिस्तान, आषाढ़ का एक दिन* जैसी पुस्तकें हिन्दी साहित्य की 'क्लासिक पुस्तकें' मानी जाती हैं और आज भी लोकप्रियता के शिखर पर हैं। भारत के राष्ट्रपतियों और प्रधानमंत्रियों की पुस्तकें प्रकाशित करने का गौरव भी राजपाल एण्ड सन्ज़ को प्राप्त है। नोबेल पुरस्कार से सम्मानित अर्थशास्त्री डॉ. अमर्त्य सेन की सभी पुस्तकों के हिन्दी अनुवाद यहाँ से प्रकाशित हैं। अन्तरराष्ट्रीय चर्चित पुस्तकों के अनुवाद, विश्वविख्यात कोशकार डॉ. हरदेव बाहरी द्वारा सम्पादित 'राजपाल' शब्दकोशों की शृंखला और किशोरों के लिए सैकड़ों पुस्तकें राजपाल एण्ड सन्ज़ से प्रकाशित हुई हैं।

पाठकों के स्वस्थ और सुरुचिपूर्ण मनोरंजन और ज्ञानवर्धन के लिए समर्पित राजपाल एण्ड सन्ज़ से हिन्दी और अंग्रेज़ी में पुस्तकें प्रकाशित होती हैं जो देश के सभी बड़े पुस्तक-विक्रेताओं और विश्व भर के ऑनलाइन विक्रेताओं के यहाँ उपलब्ध हैं।

राजपाल एण्ड सन्ज़

1590 मदरसा रोड, कश्मीरी गेट, दिल्ली-6, फोन: 011-23869812, 23865483
email: sales@rajpalpublishing.com, facebook: facebook.com/rajpalandsons
website: www.rajpalpublishing.com

www.ingramcontent.com/pod-product-compliance
Lightning Source LLC
Chambersburg PA
CBHW050824180626
46814CB00004B/1446
* 9 7 8 9 3 8 6 5 3 4 4 1 5 *